O voo da bailarina

DE ÓRFÃ DE GUERRA AO ESTRELATO

MICHAELA DE PRINCE

com Elaine DePrince

O voo da bailarina

DE ÓRFÃ DE GUERRA AO ESTRELATO

Tradução
Sandra Martha Dolinsky

1ª edição

Rio de Janeiro | 2016

CIP-BRASIL. CATALOGAÇÃO NA PUBLICAÇÃO
SINDICATO NACIONAL DOS EDITORES DE LIVROS, RJ

D47v

Deprince, Michaela, 1995-
O voo da bailarina : de órfã de guerra ao estrelato / Michaela Deprince, Elaine Deprince ; tradução Sandra Martha Dolinsky. - 1. ed. - Rio de Janeiro: Best*Seller*, 2016.

Tradução de: Taking flight : from war orphan to star ballerina
ISBN 978-85-7684-979-7

1. Deprince, Michaela, 1995-. 2. Crianças e guerra - Serra Leoa. 3. Serra Leoa - História - Guerra civil, 1991-- Narrativas pessoais. 4. Serra Leoa - História - Guerra civil, 1991-- Participação de jovens. 6. Serra Leoa - Condições sociais - 1991-. I. Deprince, Elaine. II. Título.

16-30755

CDD: 966.404
CDU: 94(664)'1991/...'

Texto revisado segundo o novo Acordo Ortográfico da Língua Portuguesa.

Título original
TAKING FLIGHT: FROM WAR ORPHAN TO STAR BALLERINA

Copyright © 2014 by Elaine DePrince e Michaela DePrince
Copyright da tradução © 2016 by Editora Best Seller Ltda.

Publicado nos Estados Unidos pela Alfred A. Knopf, um selo da Random House Children's Books, divisão da Random House LCC, Penguin Random House Company, New York.

Capa adaptada da original de Alison Impey
Foto de capa © 2014 by Herman Verwey/Getty Images
Editoração eletrônica: Guilherme Peres

Todos os direitos reservados. Proibida a reprodução,
no todo ou em parte, sem autorização prévia por escrito da editora,
sejam quais forem os meios empregados.

Alguns nomes e detalhes identificadores foram modificados
para proteger a privacidade de indivíduos.

Todas as imagens foram publicadas com a autorização da família DePrince.

Direitos exclusivos de publicação em língua portuguesa para o Brasil
adquiridos pela
EDITORA RECORD LTDA.
Rua Argentina, 171 - Rio de Janeiro, RJ - 20921-380 - Tel.: 2585-2000,
que se reserva a propriedade literária desta tradução.

Impresso no Brasil

ISBN 978-85-7684-979-7

Seja um leitor preferencial Record.
Cadastre-se e receba informações sobre nossos lançamentos e nossas promoções.

Atendimento e venda direta ao leitor:
mdireto@record.com.br ou (21) 2585-2002.

Para Charles DePrince,
pai e marido gentil e generoso.

— *Prólogo* —
O Cisne Negro

Estou nos bastidores, vestindo um tutu preto exuberante e enfeitado com penas pretas e flores vermelho-sangue. Uma tiara de prata cravejada de strass coroa meus cabelos, puxados para trás em um coque apertado. Um de cada vez, flexiono meus pés nos tornozelos, estendo as pernas e estico os dedos para verificar se as fitas de minhas sapatilhas de ponta estão amarradas e passadas com segurança. "Uma bailarina profissional nunca permite que suas fitas flutuem soltas ao redor dos tornozelos", alertava uma de minhas professoras favoritas. Abro um pequeno sorriso no canto da boca enquanto relembro aquela menina de 7 anos com as fitas soltas.

A sensação de irrealidade me domina. Bailarina profissional... seria mesmo eu? Parece que foi ontem. Eu era uma criança órfã, pequena, de rosto sujo — faminta, assustada e desesperadamente apegada ao sonho de me tornar bailarina. Como Mabinty Bangura, dancei de pés descalços na lama durante a estação chuvosa, perturbando os mosquitos que, raivosos, me mordiam, passando-me malária.

Meus braços se arrepiam como pena de galinha. Esfrego-os, lembrando de Mia, minha irmã, me dizendo: "Em você é pena de cisne, Michaela, não de galinha." Meus arrepios são causados pelo nervosismo, pelo ar frio de Berkshire no Teatro Ted Shawn da Escola Jacob's Pillow ou por lembranças perturbadoras?

Por que eu deveria estar nervosa? Não é a primeira vez que danço o *pas de deux* do Segundo Ato de *O lago dos cisnes* no palco, no papel de Odile, a filha misteriosa e astuta do feiticeiro maligno Von Rothbart. Mas é a primeira vez que danço diante de um grande público de críticos e outros dançarinos. Eles migram para a Jacob's Pillow em junho todos os anos para assistir a esse renomado festival, e aqui estou eu, pronta para entrar, a mais jovem bailarina profissional entre eles, interpretando um papel que exige maturidade e sofisticação. Eu me sinto uma impostora.

O Cisne Negro é sedutor, provoca o príncipe Siegfried com seus encantos femininos para roubá-lo de Odette, o Cisne Branco. O que sei eu sobre encantos femininos ou sedução? Depois de minha apresentação de abril, uma crítica escreveu: "Ela foi a sedutora mais doce que já se viu [...] mas precisa ainda desenvolver uma aura de bailarina. Ela tem apenas 18 anos."

Mostrei a crítica a Skyler, meu namorado.

"Você concorda?", perguntei a ele, com lágrimas nos olhos.

"Ela está certa. Você é doce", respondeu ele.

"Mas não quero ser doce. Quero ter encantos femininos. Quero ser sedutora. Quero ter uma aura de bailarina."

Skyler riu:

"Você é uma gracinha, e é engraçada também."

"Mas não quero ser fofinha e engraçada. Quero ser misteriosa."

"Bem, às vezes você é um total mistério para mim", admitiu ele, com um sorriso malicioso.

"Isso não é o mesmo que ter uma aura de bailarina."

Agora é a apresentação final da temporada. Tenho que conseguir. Por um breve segundo, sinto-me tentada a fugir. Então a música começa, e eu entro no palco. De repente, não sou nem Mabinty Bangura nem Michaela DePrince. Sou o Cisne Negro e, como um crítico reconhece mais tarde: "A vil Odile esteve deliciosamente fria seduzindo o inconsciente príncipe."

— *Capítulo 1* —
DA CASA À DIREITA

Antes de ser a Odile "vil" e "fria", eu era Michaela DePrince, e, antes de ser Michaela, era Mabinty Bangura, e esta é a história do meu voo de órfã de guerra a bailarina.

Na África, meu pai amava os ventos secos e cheios de areia do Harmattan, que sopravam do deserto do Saara todo dezembro ou janeiro.

"Ah, o Harmattan nos trouxe boa sorte de novo!", exclamava ele quando voltava da colheita do arroz.

Eu sorria quando ele dizia isso, porque sabia que suas palavras seriam:

"Mas não tanta sorte como no ano em que nos trouxe Mabinty... não, nunca tão bom quanto isso!"

Meus pais diziam que nasci com um grito agudo e uma personalidade espinhosa, como um ouriço africano. Pior ainda: eu era uma menina — e malhada, porque nasci com uma doença de pele chamada vitiligo, o que me fazia parecer um filhote de leopardo. Mesmo assim, meus pais comemoraram minha chegada com alegria.

Quando meu pai proclamou que meu nascimento havia sido o ponto alto de sua vida, seu irmão mais velho, Abdullah, sacudiu a cabeça e declarou:

"É uma pena que o Harmattan tenha lhe trazido uma menina... uma menina manchada e inútil, que não vai nem conseguir um bom dote para você."

Minha mãe disse que meu pai riu do irmão. Ele e tio Abdullah não concordavam em quase nada.

Meu tio estava certo em um aspecto: em uma casa típica do distrito de Kenema, no sudeste de Serra Leoa, na África Ocidental, meu nascimento não teria sido motivo de comemoração. Mas nossa casa não era típica. Para começar, o casamento dos meus pais não fora arranjado. Eles se casaram por amor, e meu pai se recusou a tomar uma segunda esposa, mesmo depois de muitos anos de casamento, quando parecia que eu seria sua única filha. Em segundo lugar, os dois sabiam ler, e meu pai acreditava que sua filha devia aprender também.

"Se meu irmão estiver certo e ninguém quiser se casar com uma moça com pele de leopardo, é importante que nossa filha vá à escola. Vamos prepará-la para esse dia", disse meu pai para minha mãe.

E então começou a me ensinar o *abjad*, o alfabeto árabe, quando eu era apenas uma menininha e mal sabia andar.

"Tolo!", disse tio Abdullah quando viu papa moldando meus dedinhos em torno de um pedaço de carvão. "Por que está ensinando uma menina? Ela vai pensar que está acima de sua condição. Tudo que ela precisa aprender é cozinhar, limpar, costurar e cuidar das crianças."

*

Minhas manchas assustavam as outras crianças de nossa aldeia. Ninguém brincava comigo, exceto minhas primas, por isso eu me sentava sozinha na varanda de nossa cabana, pensando. Queria saber por que meu pai trabalhava tão duro na extração de diamantes nas minas aluviais se não podia ficar com eles. Era um trabalho árduo, difícil, ele tinha que ficar curvado o dia todo. Papa chegava mancando à noite, porque suas costas, seus tornozelos e seus pés doíam. As mãos ficavam inchadas e doloridas de peneirar a terra pesada e molhada. Certa noite, enquanto mama esfregava manteiga de karité com pimenta nas articulações inchadas de meu pai, ouvi uma conversa entre os dois e compreendi:

"É importante que nossa filha vá à escola para aprender mais do que seremos capazes de ensiná-la. Eu quero que ela frequente uma boa escola."

"Se nós economizarmos, o dinheiro das minas será suficiente para pagar as mensalidades, Alhaji", disse minha mãe.

"Ah, Jemi... conte o dinheiro. Quanto temos guardado até agora?", perguntou papa.

Mama riu:

"Isto, mais a quantia que contei da última vez que você pediu", disse ela, segurando as moedas que ele havia levado para casa naquela noite.

Sorri secretamente em meu pequeno espaço atrás da cortina. Eu gostava de ouvir as vozes dos meus pais à noite.

Entretanto, não posso dizer o mesmo das vozes de tio Abdullah e suas esposas.

Nossa casa ficava à direita de onde meu tio morava. Tio Abdullah tinha três esposas e 14 filhos. Para sua infelicidade, 13 eram meninas, de modo que meu tio e seu precioso filho, Usman — filho de sua primeira esposa —, eram os únicos homens da casa.

Muitas noites eu ouvia choro e gritos de raiva pelo quintal. Os sons de tio Abdullah batendo nas esposas e filhas enchiam minha família de tristeza. Eu duvidava que tio Abdullah amasse alguma de suas esposas, senão não bateria nelas. Certamente ele não amava as várias filhas. Culpava-as por todos os infortúnios dele.

Meu tio só se importava com seu único filho homem. Chamava Usman de seu tesouro e o alimentava com deliciosos petiscos de carne, enquanto as filhas olhavam, famintas e inchadas de uma dieta cheia de amido — de arroz e mandioca, a raiz de pele marrom sem vitaminas nem minerais. E nada era mais irritante para meu tio do que me encontrar ali fora, sentada de pernas cruzadas na esteira, estudando e escrevendo meus textos, que eu copiava do Alcorão. Ele não resistia; cutucava-me com a ponta da sandália e me mandava cuidar dos deveres de uma mulher.

"Tolo!", dizia tio Abdullah a meu pai. "Ponha essa criança para trabalhar."

"Que necessidade temos de seus afazeres femininos? Ela é uma criança", papa relembrava seu irmão e acrescentava, sem poder resistir: "Não tem nem 4 anos e já fala mende, temne, limba, krio e árabe. Ela ouve as línguas no mercado e aprende rapidamente. Certamente será erudita."

Papa não precisava esfregar mais sal na ferida de tio Abdullah lembrando-lhe de que Usman, que era alguns anos mais velho do que eu, estava bem atrás de mim nos estudos.

"Ela precisa é de uma boa surra", replicava tio Abdullah. "E sua esposa também precisa de uma surra de vez em quando. Você está estragando suas mulheres, Alhaji. Nada de bom pode vir disso."

Talvez papa não devesse se gabar de meu aprendizado. Os aldeões e meu tio achavam que eu já era esquisita o suficiente com minhas manchas. A habilidade de leitura me tornava ainda mais estranha aos olhos deles e provocava o ódio de meu tio.

A única coisa que meu pai e seu irmão tinham em comum era a terra que nos alimentava, nos abrigava e nos fornecia o arroz, o vinho de palma e a manteiga de karité que vendíamos no mercado.

À noite, quando ouvia os gritos que vinham do outro lado do quintal, eu virava a orelha em direção a meus pais, que descansavam do outro lado da cortina. Deles eu ouvia palavras doces de amor e risos suaves. Então, agradecia a Alá por ter nascido na casa da direita e não na da esquerda.

— *Capítulo 2* —
DA CASA À ESQUERDA

Uma guerra civil teve início em meu país em 1991, e já durava sete anos quando eu tinha apenas 3. Começara principalmente porque as escolas haviam sido fechadas, e sem educação os jovens não conseguiam empregos. Isso resultou em pobreza e fome, situação que os deixava desesperados; então, eles formaram um exército revolucionário para lutar por aquilo de que necessitavam.

À medida que a guerra avançava, a juventude perdeu o controle de seus objetivos e começou a matar aldeões inocentes. Então, dessa vez, em lugar de boa sorte a estação seca trouxe uma invasão de rebeldes da Frente Revolucionária Unida. Eles se autodenominavam FRU, mas suas vítimas os chamavam de *debils,* combinando as palavras em inglês *rebel* [rebelde] e *devil* [diabo].

O Harmattan que meu pai sempre amara nos traiu esse ano. Em vez de boa sorte, ele trouxe a guerra para nossa aldeia. Papa não estava em casa no dia em que os *debils* queimaram os pés de arroz e as palmeiras que cresciam nas encostas próximas. Ele estava nas minas de diamante. Quando chegou em casa, mama teve que lhe dizer que os *debils* haviam nos deixado sem nada para vender, sem arroz para comer e sem uma semente sequer para plantar no ano seguinte.

Mama e eu nos sentamos em um banco de madeira na frente de casa e vimos as chamas sendo espalhadas pelos ventos fortes do Harmattan. A fumaça dificultava a respiração. Eu soluçava e tossia, e ela me abraçava.

"Mama, por que você não chora?", perguntei.

Ela apontou para outra aldeia na encosta. Eu via a fumaça saindo das casas de lá.

"Temos sorte de os *debils* terem poupado nossas casas e nossas vidas", respondeu. "Temos que agradecer a Alá por isso."

Talvez ela estivesse certa, mas eu não sentia gratidão. Poucos minutos depois, um homem chegou à nossa porta, gemendo e se lamentando. Ele disse que era o único sobrevivente de sua aldeia. Os *debils* o haviam forçado a assistir enquanto matavam seus amigos e familiares. Depois, rindo, perguntaram se ele preferia mangas curtas ou compridas. O homem disse que normalmente usava mangas compridas, então cortaram sua mão e o mandaram embora para espalhar medo e advertências por todo o campo.

Tia Yeabu, a esposa mais jovem de tio Abdullah, ajudou minha mãe a fazer um curativo no ferimento do homem. Eu fiquei parada ali, tremendo de medo. Mama ofereceu ao homem a pequena porção de arroz que restou de nossa refeição matinal. Implorou a ele que descansasse em nossa casa, mas o homem tinha certeza de que os *debils* logo passariam por nossa aldeia, o reconheceriam e o matariam. Assim, em vez de descansar, ele correu para o norte, rumo a Makeni, uma cidade a muitos quilômetros de distância, onde achava que poderia estar seguro.

Mama despejou na panela menos arroz do que o habitual naquela noite. Eu sabia que ela comeria quase nada para que papa e eu pudéssemos encher a barriga. Decidi seguir o exemplo. Depois de trabalhar o dia inteiro nas minas de diamantes, papa precisaria da maior porção de arroz.

Enquanto o arroz borbulhava na panela, continuamos esperando por ele. Mama insistia para que eu comesse.

"Quero esperar por papa", protestei.

"Não, coma. Eu vou esperar", disse mama. "Você está em fase de crescimento. Coma."

"Não estou com fome", chorei.

Eu me aninhei ao lado dela e adormeci.

Acordei com o som da voz de meu primo, Usman.

"Tia Jemi", sussurrou ele, baixinho. "Tia Jemi, os rebeldes foram às minas hoje. Atiraram em todos os trabalhadores."

"Em todos os trabalhadores?", repetiu minha mãe. "E Alhaji?"

"Sim, em tio Alhaji também", sussurrou Usman.

"NÃO!", gritei. "Papa não!"

"NÃO!", gritou mama. "Meu Alhaji não!"

Mama e eu nos abraçamos com força. Ela me balançou em seus braços enquanto eu chorava alto.

Logo toda a aldeia estava em prantos, pois quase todas as famílias haviam perdido um pai, um irmão, um filho ou um sobrinho. No dia em que meu pai morreu, achei que estivesse sentindo a pior dor possível, que nunca mais sentiria tanta dor. Então me mudei para a casa do lado esquerdo e aprendi que a dor, como o verde das folhas da selva, tem muitos tons.

Tio Abdullah decidiu alugar nossa casa para uma família de refugiados e forçou mama e eu a nos mudarmos para a dele. De acordo com a Sharia, lei muçulmana, tio Abdullah se tornou nosso tutor. Ele pegou o dinheiro que meus pais haviam juntado para meus estudos e, como não tínhamos mais nada, nós duas não podíamos escapar. Meu tio queria se casar com mama, mas a Sharia também dava a ela o direito de recusar a oferta, e foi o que ela fez. A rejeição o deixou furioso, e ele passou a usar qualquer pretexto para nos punir.

Mama e eu vivíamos com medo. Nunca vou me esquecer de como ele gritava conosco:

"Vocês estão de castigo! Nada de comida para as duas! Sem comida hoje, amanhã e depois!"

Tia Yeabu tentava nos dar comida sorrateiramente, mas nem sempre conseguia, porque minhas outras tias estavam sempre atentas. Muitas vezes passamos fome, e durante meses mama me deu a maior parte de suas refeições.

"Não estou com tanta fome hoje. Coma meu arroz", dizia ela.

Eu não acreditava, por isso recusava, mas ela insistia:

"Vou jogar fora se você não comer", ameaçava.

Meus olhos se enchiam de lágrimas e, mesmo estando com muita fome, o arroz formava um nó em minha garganta enquanto o tentava engolir.

Agora sei que mama morria de fome e me dava seu arroz para que eu não sentisse o mesmo. No entanto, mesmo com sua comida, meu rosto e minha barriga incharam, algo que muitas vezes acontece com crianças famintas.

Tio Abdullah gritava comigo.

"Você é uma criança inútil! Olhe para você, como é feia! Tem manchas de leopardo. Estou desperdiçando comida e dinheiro com você. Não vou nem conseguir um dote em troca. Quem vai querer se casar com uma garota que parece um animal selvagem?"

Ah, como odiei meu tio nesse momento! Quis gritar com ele, mas não me atrevi. Em vez disso, corri para minha mãe e me enrosquei em seus braços.

— *Capítulo 3* —
QUANDO VEIO A CHUVA

A estação seca pareceu durar uma eternidade no ano em que meu pai morreu, tornando os alimentos ainda mais escassos. Dei um suspiro de alívio quando acordei certa madrugada e senti o cheiro de chuva no ar. Nuvens se formavam no horizonte. *Ah, a estação chuvosa em breve vai chegar, os frutos vão crescer selvagens nas árvores e os animais do mato vão engordar*, disse a mim mesma.

Eu mal podia esperar para contar a mama, mas ela estava dormindo tranquilamente e não quis acordá-la. Ela andava doente havia vários dias. Na noite anterior, vomitara tanto que tivera uma hemorragia nasal.

Durante a maior parte da noite ouvi minha mãe se revirando na cama. Pouco antes do amanhecer, eu a ouvi suspirar alto três vezes, e por fim se acalmou. Sorri para mim mesma, aliviada por ela estar dormindo. Peguei o caderno e a caneta de meu pai e comecei a escrever, sabendo que quando tio Abdullah acordasse eu teria que escondê-los.

A certa altura, todo mundo se levantou. Só minha mãe e tio Abdullah continuavam dormindo. Comecei a me preocupar. Se tio Abdullah acordasse e encontrasse minha mãe dormindo, bateria nela de novo. Pior ainda: não lhe daria comida. Quando ouvi meu tio, pulei da minha esteira e corri para ela.

"Mama! Mama, acorde", insisti, chacoalhando seu ombro. "Tio Abdullah vai bater em você se não acordar. Por favor, mama! Por favor, mama!"

Eu implorava repetidas vezes enquanto a chacoalhava mais forte.

Tia Huda correu em nossa direção e viu sangue no rosto de minha mãe.

"Há quanto tempo Jemi está doente?", perguntou ela a tia Yeabu.

"Há dias", respondeu tia Yeabu.

"Tola!", gritou tia Huda. "Ela está com febre de Lassa!"

Ela me olhou de um jeito estranho e disse às outras esposas:

"A criança demônio manchada está doente também?"

Tia Yeabu negou com a cabeça, assustada demais para falar.

Tia Huda me baniu para o quintal. Corri para fora e me agachei perto da porta, ouvindo-as discutir sobre a febre de Lassa.

Talvez os refugiados amontoados nos campos próximos a houvessem trazido. Talvez tia Huda estivesse certa e minha mãe tenha procurado encrenca quando ajudara o homem sem mão.

"Mama", chamei da porta. "Por favor, posso entrar?"

Tia Yeabu se afastou das outras esposas e veio em minha direção. Ela me pegou no colo e cobriu meus olhos com a *lapa*, o lenço longo e colorido que estava enrolado em volta dela e descansava no ombro. Puxei a *lapa*, mas tia Yeabu disse:

"Não, deixe assim. Você não vai querer vê-las levando o corpo de sua mãe para ser enterrado."

Até aquele momento eu não havia percebido que minha mãe estava morta. De repente, fui tomada pelo pensamento avassalador de que ela fora embora para sempre. Comecei a gritar. Abalada pela perda, eu soluçava:

"Por favor! Por favor! Quero ficar com mama! Enterrem-me também! Não quero viver! Ninguém me ama!"

"Sshhh!", implorou tia Yeabu. "Eu não me surpreenderia se Abdullah quisesse jogar você na sepultura junto com sua mãe."

Mas não conseguia me calar. Eu chorava e urrava enquanto ela me abraçava ainda mais apertado, com medo de que eu pulasse no buraco que tio Abdullah e os outros homens da aldeia cavavam.

Por fim, escapei das garras de tia Yeabu quando eles jogavam pás de terra sobre o corpo de minha mãe, mas era tarde demais. Quebrei minhas unhas tentando cavar a terra para chegar até ela. Foi aí que tio Abdullah me pegou e me jogou na direção das suas esposas.

"Controlem essa criança louca!", rugiu.

Depois que minha mãe foi enterrada, tio Abdullah queimou os pertences dela, com medo de estarem contaminados pela febre. Eu não tinha mais nada para guardar de recordação.

Tio Abdullah desviou os olhos de meu rosto ensopado de lágrimas. Ele só tinha uma preocupação. Perguntou:

"O que vou fazer se Usman pegar essa doença?"

Então, examinou todas as minhas primas em busca de sinais da febre de Lassa.

"Mabinty só nos traz problemas. São as manchas", murmurou a primeira esposa de tio Abdullah para suas companheiras.

"As manchas e a leitura. Só crianças demônios podem ler sendo tão novas. Ela só trouxe azar para esta família. Está na hora de nos livrarmos dela."

Eu estava acostumada a dormir perto de minha mãe durante a noite. Ela me abraçava e cantava para que eu adormecesse, e sua voz me levava para um lugar onde eu podia esquecer de minha angústia. Sem ela, eu ficava me revirando na cama. Até que meu tio me cutucou com o pé e disse:

"Pegue suas coisas e me siga."

Eu não tinha ideia do lugar para onde ele planejava me levar, mas sabia que ia querer meu caderno e minha caneta aonde quer que fosse. Eu os escondi em um pedaço de pano e o amarrei em volta do meu peito, debaixo do vestido. Apalpando-os, fiquei satisfeita por serem planos o suficiente para que meu tio não os notasse. Enrolei a esteira que minha mãe havia tecido para mim e a joguei sobre o ombro. Segui tio Abdullah pela estrada sinuosa de terra laranja que passava por nossa casa.

"Aonde vamos?", perguntei, com a voz rouca de tanto chorar.

Em resposta, tio Abdullah apenas grunhiu, e não lhe dei a satisfação de perguntar novamente. Mas eu não conseguia conter as lágrimas. Havia perdido meus pais, e sem eles ao meu lado temia o que o futuro me traria.

Logo começamos a ver mais e mais pessoas na estrada, viajando com seus poucos pertences sobre a cabeça. Tio Abdullah falou com eles, e entendi que andariam os 147 quilômetros até Makeni, a fim de escapar dos *debils*.

"E os *debils* não vão seguir todos até Makeni?", perguntei, soluçando de tanto chorar. Tio Abdullah ignorou minha pergunta. Cutucou minhas pernas com a bengala para que eu andasse mais rápido.

"Sua filha parece cansada. Se quiser, ela pode subir em meu carrinho", disse um maltrapilho na estrada. "Eu lhe cobrarei uma pequena quantia... apenas cinco leones."

Tio Abdullah bufou.

"Não vou pagar nem um leone. Ela pode andar... e não é minha filha", respondeu ele, a voz rouca, claramente insultado pela suposição de que seria o pai de uma criança tão feia.

Tio Abdullah e eu seguimos o fluxo de pessoas em direção a Makeni. De repente, o céu rugiu e as nuvens explodiram. O trovão abafou meus soluços e os pingos de chuva se mesclaram com minhas lágrimas.

Segurei minha trouxa mais perto do peito enquanto me arrastava pela lama, que sugava minhas sandálias de borracha. Por fim, a lama engoliu minha sandália direita. Continuei andando com um pé descalço, e logo a lama tomou a outra sandália também.

A maioria dos andarilhos se refugiou sob as árvores e arbustos, mas tio Abdullah e eu seguimos nossa caminhada. Então, um caminhão parou e uma voz gritou. O rosto de tio Abdullah se iluminou quando reconheceu Pa Mustapha, um amigo do mercado. O amigo chamou tio Abdullah até o caminhão e lhe disse algo.

De repente, tio Abdullah me pegou e me jogou na caçamba aberta do caminhão, onde aterrissei nos vários centímetros de água da chuva que respingava na parte inferior. Ele subiu na cabine seca.

O caminhão desceu a estrada balançando em direção a Makeni, e eu balançava com ele, enrolada em minha esteira e chorando pela perda de toda a minha felicidade. Por fim, caí em um sono profundo, faminta, molhada e com a maior tristeza que já havia sentido.

— *Capítulo 4* —
NO ORFANATO

A chuva havia parado e os últimos raios de sol desapareciam quando acordei. Tio Abdullah abriu a porta traseira do caminhão e fez sinal com o dedo para que eu saísse. Então, apontou com o queixo para uma porta, sem me dizer uma palavra. Vi uma grande placa, mas não era árabe, de modo que não consegui ler a inscrição.

Pulei do caminhão e o segui sem contestar.

"Minha esteira! Esqueci minha esteira. Espere!", gritei para Pa Mustapha, mas ele estava ligando o motor e não me ouviu.

Ele se afastou antes que eu pudesse subir de volta e pegar minha esteira.

Tio Abdullah me empurrou em direção ao portão, não se importando com o fato de eu ter perdido o único vínculo remanescente com minha mãe. De repente, uma menina apareceu de trás do portão. Ela se agachou e olhou para nós.

"Não fique aí olhando", resmungou tio Abdullah para ela. "Vá buscar o diretor", ordenou.

A menina se levantou, correu até uma casa próxima e gritou:

"Papa Andrew! Um homem e uma menininha querem falar com você."

Um homem de calça bege, camisa azul e sapatos marrons com cadarços saiu da casa.

"Bem-vindo ao Orfanato Safe Haven", disse ele.

A seguir, apresentou-se a tio Abdullah como Andrew Jah, diretor do orfanato.

Voltei a cabeça, encarando o homem. Eu havia ouvido direito? Ele disse *orfanato*? Então eu não era nada mais que uma órfã? Eu não tinha ninguém para me amar ou me proteger... ninguém que me considerasse especial. Esses pensamentos vagavam por minha mente enquanto ouvia meu tio explicar:

"Mataram meu irmão. A esposa dele morreu recentemente. Eu lhe trago minha sobrinha, a filha deles. Sou seu guardião, mas não posso cuidar dela. Tenho três esposas e muitos filhos, por isso não posso desperdiçar comida com ela. Além disso, ela é uma criança feia, de língua afiada, endiabrada e com manchas. Nunca vou conseguir um dote por ela. Tenho certeza de que você entende.

Andrew Jah se agachou diante de mim e perguntou:

"Qual é o seu nome?"

"Mabinty Bangura", respondi, prontamente.

"Que língua você fala?", perguntou o diretor em krio.

Quando hesitei, tio Abdullah me deu um tapa na cabeça. Andrew Jah começou a fazer a mesma pergunta em mende, mas eu o interrompi em krio, dizendo:

"Falo krio, mende, temne, limba e árabe."

"Tantas línguas para uma menininha tão pequena!", exclamou Andrew Jah.

"Aprendi no mercado, quando ajudava meus pais na tenda deles."

Nesse momento, a caneta do meu pai caiu de baixo do meu vestido, aos pés do diretor. Quando tentei pegá-la, o nó em torno do meu peito se afrouxou e o caderno saiu também.

"O que é isso que está levando sob o vestido?", perguntou Andrew Jah, apontando o queixo em direção a meu pacote.

Cuidadosamente, abri o lenço que embrulhava o caderno, aliviada ao descobrir que não estava muito molhado, e o estendi ao diretor com as mãos trêmulas. Ele pegou o caderno de mim e cuidadosamente virou as páginas.

"O que é isto?", perguntou ele, com surpresa.

"É meu caderno", respondi baixinho, com medo de que ele o tirasse de mim.

"E quem fez tudo isso?" Ele apontou para os escritos.

"Eu."

"Você está me dizendo que é uma menininha que sabe ler e escrever em árabe?", perguntou o diretor, assustado.

Concordei com a cabeça; ele olhou para meu tio:

"Esta criança é uma grande promessa. Nosso orfanato está cheio, mas vou arranjar um quarto para ela sob uma condição: você não pode retornar para tentar levá-la de volta."

"Não tenho a menor intenção de fazer isso", retrucou tio Abdullah. "Estou bem contente por me livrar dela."

A seguir, o diretor nos convidou para uma salinha, onde deu a meu tio alguns papéis para assinar. Os papéis estavam em inglês, idioma que meu tio não sabia ler, de modo que o homem lia tudo para ele e traduzia para krio, enquanto eu esperava em silêncio e ouvia atentamente. Muitas das palavras eram muito complicadas para minha compreensão, mas captei a essência do conteúdo dos documentos. Eles diziam que eu seria educada e enviada para uma família em outro país.

"Que outro país?", perguntou tio Abdullah.

"Estados Unidos", respondeu Andrew Jah, mostrando a meu tio onde deveria assinar.

Meu coração bateu alto ao ouvir as palavras *Estados Unidos*. Esse país era especial para meus pais. Eles disseram muitas vezes que um dia me levariam até lá. "É um lugar onde a educação é gratuita, até mesmo para meninas", dizia meu pai.

Quando o diretor viu que tio Abdullah não sabia assinar o próprio nome, pegou uma almofadinha preta de sua gaveta, rolou o polegar do meu tio nela e o pressionou no papel, deixando uma impressão digital no documento.

"Agora posso provar que você concordou", disse Andrew Jah.

"Quanto vai me pagar pela criança?", perguntou tio Abdullah.

"Nós não pagamos pelas crianças. O fato de as alimentarmos, cuidarmos delas, de lhes darmos educação e encontrarmos boas casas para elas é pagamento suficiente para a maioria dos pais", respondeu o diretor.

"Não sou pai dela. Meus filhos não são manchados como ela", replicou tio Abdullah.

Ele puxou o documento das mãos do diretor.

"Eu poderia facilmente vendê-la para uma plantação de cacau", gritou, me pegando pelo braço e começando a me arrastar para a porta.

Eu me agarrei ao batente da porta e segurei com força. Queria ir para os Estados Unidos, mas meu tio era grande e forte, de modo que me ergueu sem dificuldade. Então eu o mordi. Cravei os dentes em sua perna como um cão raivoso.

"Espere!", gritou Andrew Jah, intercedendo.

Ele me convenceu a largar meu tio. A seguir, disse as palavras que tio Abdullah tão obviamente desejava ouvir:

"Tenho algum dinheiro para você. Normalmente não pagamos pelas crianças, mas às vezes ajudamos as famílias quando passam necessidades."

Ele abriu uma gaveta de metal de um armário e pegou um pouco de dinheiro. Estendeu-o a meu tio.

"Ah, sim. Isso vai ajudar a alimentar minha família faminta", disse tio Abdullah enquanto acariciava as notas.

Depois disso, ele se virou e me deixou para trás sem dizer adeus. Eu não estava triste por vê-lo partir, mas sentiria falta de algumas primas e de tia Yeabu. Nem pude me despedir delas.

O diretor colocou a mão em meu ombro:

"Você vai me chamar de Papa Andrew agora, porque neste lugar eu vou ser seu pai. Entendeu?"

Senti um nó no estômago. Eu me sentia mal chamando aquele estranho de papa. Antes que eu pudesse responder, o diretor me apresentou a uma mulher que chamou de tia Fatmata, uma aldeã que trabalhava e morava no orfanato. Sua boca, com os cantos voltados para baixo, era uma careta. Ela revirou os olhos na minha direção e resmungou. Tive certeza de que não gostou de mim.

Quando tia Fatmata me viu dando pulinhos de um lado para o outro, levou-me a um anexo com banheiros, que eram, na verdade, apenas buracos no chão, cobertos com uma prancha de madeira. Ela me disse para ter cuidado, porque às vezes as crianças caíam nos buracos.

"E cuidado com as cobras", alertou.

Então ela riu e saiu, deixando-me sozinha na escuridão.

Quando terminei, tia Fatmata estava me esperando do lado de fora. Ela me levou para um edifício perto do escritório de Papa Andrew. Lá havia um grande quarto, onde muitas meninas dormiam, duas a duas, em esteiras no chão. Tia Fatmata apontou para uma esteira onde havia uma menina sentada, como se esperasse minha chegada. Era a garota da porta. Eu estava prestes a dizer "tenho minha própria esteira, tecida por minha mãe", quando lembrei que a havia deixado no caminhão. Senti uma pontada no peito. Aquela esteira era meu único vínculo com minha mãe, e eu a perdera. Desabei, como um boneco de pano, na esteira da garota, tremendo, com as roupas molhadas.

Meus ombros tremiam quando comecei a chorar, apoiada em meus braços.

"Sshhh, sshhh", sussurrou a garota ao meu lado. "Se você acordar tia Fatmata com seu choro, ela vai bater em você com a vara de salgueiro."

A ideia da surra me fez chorar ainda mais. A menina começou a acariciar minhas costas e a cantar baixinho, como minha mãe fazia sempre que eu tinha um pesadelo. A voz doce da garota lentamente me levou a um sono surpreendentemente profundo.

— *Capítulo 5* —
NÚMERO 27

A luz do sol, brilhante, derramou-se pela janela até meus olhos e me acordou.

"Mama... Papa", sussurrei.

E então eu me lembrei. Eles não existiam mais. Eu não tinha mais casa. A vida que eu havia conhecido não existia mais. Eu dormia em uma sala cheia de estranhos, em um lugar estranho... um orfanato. Virei-me e olhei para a menina ao meu lado. Ela estava franzindo a testa.

"Que houve?", perguntei, pensando que, à luz do dia, ela havia visto minhas manchas e se arrependido de dividir a esteira comigo.

Ela retorceu as mãos, como se estivesse com medo de me dizer algo. A seguir, sussurrou:

"Desculpe. Eu molhei a esteira."

Dei um pulo e olhei para baixo. Uma mancha escura se espalhava sobre a esteira que dividíamos. Mordi a língua, lembrando como ela havia sido boa para mim na noite anterior.

"Vai secar", eu disse enquanto a ajudava a enrolar a esteira e levá-la para o quintal, onde a estendemos para secar ao sol da manhã.

"Depressa", apressou-me a menina depois que concluímos nossa tarefa. "As tias logo vão chamar nossos números para o café."

"Que números?", perguntei.

"Você vai ouvir", respondeu ela.

E pegou minha mão, puxando-me atrás de si.

Lá fora, todos os outros órfãos se reuniam para esperar o café da manhã. Conversavam alto, como macacos em um pé de manga, até que eu entrei no quintal ensolarado. Nesse momento, todos pararam e olharam para mim. Eu sabia que estavam olhando para minhas manchas. Abaixei os olhos, envergonhada.

"Não abaixe os olhos", disse minha nova amiga. "Erga o queixo."

Então, ela sorriu para mim e me puxou em direção ao grupo.

Duas tias carregavam uma grande panela para o quintal. Uma ficou ao lado da panela com uma concha na mão.

"Aquela é tia Sombo. Ela não é má, só é tímida e meio burra", sussurrou minha amiga. "Tia Fatmata... bem, ela é má", explicou, fazendo um gesto em direção à mulher alta e magra que gritava:

"Número 1, Kadiatu Mansarey; número 2, Isatu Bangura; número 3, Sento Dumbaya..."

Um a um, ela foi chamando a maior parte das 24 meninas e três meninos que viviam no orfanato.

Só então percebi que não sabia o nome de minha nova amiga; mas eu tive muito medo de falar enquanto a tia recitava os números. Esperei que ela desse um passo adiante para descobrir.

"Número 26, Mabinty..."

Comecei a dar um passo adiante, mas minha amiga puxou meu vestido e parei justo quando tia Fatmata gritou o sobrenome:

"Suma."

Minha nova amiga deu um passo à frente para pegar sua tigela de arroz. Nós tínhamos o mesmo nome!

Por fim, a tia chamou:

"Número 27, Mabinty Bangura."

Corri para pegar minha comida, mas imediatamente notei que minha tigela não estava tão cheia quanto a maioria das outras. Olhei para a tigela de Mabinty Suma. Estava só um pouco mais cheia do que a minha, assim como a número 25, Mariama Kargbo. Entendi que não era uma coisa boa ser o número 27, pois o arroz ia acabando até as tias chegarem à última menina.

Quando voltei com minha tigela nas mãos, vi Mabinty Suma acenar para mim.

"Mabinty Bangura, venha comer comigo", chamou ela.

Eu sorri, porque tinha uma amiga. Nunca tivera uma amiga antes, só primas.

Agachei-me ao lado de Mabinty Suma e começamos a conversar. Então, ela pegou um pouco de arroz com os dedos da mão esquerda e os enfiou na boca. Eu engasguei. Todos, até mesmo as crianças menores, sabiam que se deve comer com a mão direita e se limpar com a esquerda depois de usar o banheiro.

Mabinty Suma olhou para mim. Antes que eu pudesse dizer uma palavra, ela disse:

"Eu sou a número 26 porque sou canhota... e porque molho a esteira", acrescentou, em um sussurro. "As tias me odeiam mais por eu ser canhota do que por fazer xixi na cama. Outras meninas molham a cama porque, como eu, têm medo de ir ao banheiro no meio da noite."

De repente, percebi que, como número 27, eu era a criança menos favorecida em todo o orfanato. Não me admirava que houvesse recebido a menor porção de arroz! Senti o calor subir pelo rosto. Minhas manchas estavam em chamas. Achei que deviam estar brilhando tanto que todo mundo olharia para elas.

Nesse momento, tia Fatmata notou nossa esteira.

"Veja, Sombo, dá para acreditar que a 26 fez xixi na esteira de novo? Ela é muito preguiçosa ou é estúpida demais para levantar no meio da noite e ir ao banheiro?"

Tia Sombo deu um riso forçado e balançou a cabeça em concordância. Algumas crianças sorriram com ela, enquanto outras olhavam para os pés. Só de olhar para os rostos dava para saber quem havia deixado esteiras molhadas no quarto. Certamente tia Fatmata era inteligente o bastante para saber que Mabinty Suma não era a única que molhava a cama.

Tia Fatmata pegou sua vara e os olhos de Mabinty Suma se encheram de lágrimas.

"Venha cá, 26", ordenou.

Sem pensar, dei um passo adiante e fiquei entre tia Fatmata e Mabinty Suma.

"Não, não bata nela. Isso é injusto. Você sabe que ela não é a única que molha a esteira."

Tia Fatmata jogou a cabeça para trás e gargalhou.

"Ouça só a feinha, Sombo. Essa criança manchada, a menina mais feia que já vi, acha que pode me dizer o que fazer."

Tia Fatmata levantou a vara e me bateu primeiro, e depois em Mabinty Suma. Bateu em nós duas várias vezes, deixando vergões em nosso corpo. Por fim, ela disse:

"Agora você está listrada além de manchada."

Mabinty Suma chorava alto, mas eu estava zangada demais para chorar. A raiva queimava dentro de mim como fogo. Papa uma vez lera para mim uma história sobre dragões cuspidores de fogo. Eu queria ser um dragão para poder cuspir minha raiva em um sopro de fogo.

Mais tarde, enquanto as outras crianças jogavam futebol, as tias nos puniram colocando-nos para dar banho nos bebês e alimentá-los. Eu gostava de bebês, então não me incomodei com essa tarefa. Eles eram engraçados e doces, e não se importavam com o fato de eu ter manchas.

Quando os bebês já estavam limpos e de barrigas cheias, voltamos ao quarto com nossa esteira. Bem a tempo, porque o céu se abriu e a chuva caiu. Uma vez lá dentro, 27 pares de mãos brincavam de bater palmas. O som ricocheteava contra as paredes e por todo o quarto, de ponta a ponta. Bater palmas levava todos a cantar, e cantar levava a dançar.

Tentei participar, mas, sempre que eu me aproximava de um grupo, as meninas viravam as costas para mim. Algumas resmungavam entre dentes para mostrar desprezo ou aversão. Outras fugiam, gritando:

"Menina demônio! Menina leopardo! Eu não quero pegar suas manchas!"

Somente Mabinty Suma brincava comigo. Nós éramos as excluídas, mas eu ia mudar isso, então caminhei até o centro do quarto. Meu pai sempre dizia que eu tinha uma imaginação ativa e que era boa para inventar histórias e brincadeiras. Então, decidi conquistar amigos para Mabinty Suma e para mim.

"Conheço uma brincadeira nova", anunciei.

Todos os olhares se voltaram para mim, porque, em um mundo onde o único brinquedo era uma bola esfarrapada, uma diversão nova era sempre bem-vinda.

"É uma brincadeira da qual todos devem participar, senão não será muito divertido", acrescentei.

Como não ouvi nem um pio, prossegui:

"Para brincar, temos que fazer um círculo."

Na verdade, eu não tinha nenhuma brincadeira em mente, e tive que ir inventando.

"Vamos contar a história mais assustadora que alguém já ouviu. Uma menina começa, e depois cada uma vai aumentando. A última menina do círculo termina a história."

"E os meninos?", interrompeu Omar, o mais alto e inteligente dos três garotos.

Revirei os olhos para ele e resmunguei, mas deixei que se juntassem a nós no círculo.

"Eu devia começar a brincadeira", anunciou Omar, mandão.

"A ideia foi de Mabinty Bangura", disse uma menina chamada Kadiatu.

Omar começou a protestar, mas estava em desvantagem.

"Você deve começar", disse Kadiatu.

E assim eu fiz.

"Na selva existe um ser que é metade homem, metade leopardo, e come crianças."

Todo mundo gritou, e a menina seguinte acrescentou um trecho à história, enquanto todos nós tremíamos e ríamos. Ao fim da brincadeira, eu havia feito mais 25 amigos.

— *Capítulo 6* —
UMA VITÓRIA

"Tem outra brincadeira para nós?", perguntou Sento Dumbaya no dia seguinte, enquanto a chuva tamborilava no telhado de zinco.

"Sim, tenho", menti.

Em poucos minutos inventei outra brincadeira, na qual tínhamos que cantar e dançar, bem como contar histórias.

Todos os dias daquela estação chuvosa, meu coração saltava quando alguém perguntava: "Tem mais uma brincadeira para nós?" Eu poderia encarar as tias malvadas e a pequena quantidade de arroz se tivesse amigos.

Eu me recusei a demonstrar medo de tia Fatmata, apesar de realmente senti-lo, como todos os outros. Quando ela levantava a mão para bater em meu rosto, eu não estremecia. Quando sua vara assobiava no ar e me surpreendia, deixando marcas, eu não chorava. As tias gostavam de puxar nossas trancinhas apertadas porque doía muito, mas não deixavam nenhum sinal do abuso. Isso era importante para eles. Andrew Jah tinha que mandar nossas fotos para os Estados Unidos, e não queria ver hematomas em nós.

Quando as tias puxavam minhas trancinhas, eu apertava os olhos. A dor me tirava o fôlego, mas eu não chorava até estar fora da vista das duas.

Quanto mais resistente eu parecia, mais tia Fatmata tentava me fazer chorar.

Certa noite, quando Mabinty Suma e eu estávamos dormindo, tia Fatmata moeu pimenta bem fininho. Então, pouco antes de amanhecer, ela a salpicou por todo o meu rosto até encher meu nariz, meus olhos e minha boca com o pó.

Eu me sentei e comecei a gritar. Meu rosto parecia estar pegando fogo. Lágrimas ardentes escorriam dos meus olhos.

Eu ouvia tia Fatmata gargalhando. Quanto mais alto eu gritava, mais feliz ela parecia. Finalmente conseguiu me fazer chorar. Quando Mabinty Suma me arrastou, tropeçando, até o balde onde nós nos lavávamos, jurei que me vingaria.

"Temos que contar a Papa Andrew", sugeriu Mabinty Suma.

Sorri para minha melhor amiga. Apesar de nossos nomes idênticos, éramos muito diferentes. Ela recorria aos adultos para resolver os problemas. Eu não.

"Se eu contar a Papa Andrew, ele vai gritar com tia Fatmata, e isso vai piorar ainda mais as coisas. Tenho que resolver isso sozinha."

"Mas como?", questionou ela.

"Vou dar um jeito."

Enquanto eu tentava encontrar uma maneira de me vingar de tia Fatmata, eclodiram os mosquitos, e a maioria de nós teve malária. Tia Fatmata não nos torturou enquanto estávamos doentes, com febre, vômitos e diarreia. Mas, certa noite, logo depois que comecei a melhorar, ela fez uma das crianças mais novas urinar no meu cabelo e rosto enquanto eu dormia. Acordei engasgando.

Mabinty Suma pegou minha mão e me levou para fora. Eu soluçava enquanto ela tentava limpar a mim e a nossa esteira o melhor que podia. Então, começou a chover.

"Entrem! Agora!", gritou tia Fatmata, com a voz abafada pelo trovão.

Fiquei lá fora, torcendo para que um raio não me acertasse. Imaginei, aliás, se não seria melhor que me acertasse.

De repente, um raio caiu no solo, bem ao nosso lado. Mabinty Suma pulou como um gato assustado, mas eu fiquei parada.

"Podíamos ter morrido", gritou ela.

"Um raio não vai me matar", eu me gabei.

"E por que não? Você tem poderes vodu?"

Era isso! Mabinty Suma havia me dado a ideia de que eu necessitava para lutar contra tia Fatmata.

"Sim", respondi. "Eu sou uma bruxa. Venha, vou lhe mostrar!", gritei na chuva, pegando-a pelo braço e arrastando para dentro.

Sempre fui muito flexível, e minha pele se esticava como borracha macia. Eu assustava minhas primas virando as pálpebras para fora. Então, decidi usar meu "talento".

Tia Fatmata estava no quarto com sua vara. Virei minhas pálpebras para fora e rolei os olhos para cima. Estiquei as mãos à frente e disse, com uma voz profunda:

"Sou uma bruxa. Vou colocar um feitiço em você se me machucar."

As tias eram supersticiosas, e nós vivíamos em um lugar onde muitas pessoas praticavam o vodu, de modo que eu sabia que meu truque as assustaria.

Com os olhos virados para dentro da cabeça, eu não podia ver as tias, mas depois Mabinty Suma e as outras meninas me disseram que seus olhos saltaram das órbitas e elas ficaram de queixo caído devido ao choque. Eu não precisava ver para saber que as havia assustado bem, porque nunca mais se atreveram a pôr as mãos em mim.

— *Capítulo 7* —
O PRESENTE DO HARMATTAN

Quando a estação chuvosa terminou, passamos a frequentar a escola do orfanato. Como eu sabia ler árabe, fui colocada em uma classe com crianças mais velhas. Juntas, começamos a aprender inglês e matemática com a professora Sarah. Ela morava perto de Makeni e nos visitava todos os dias. Era inteligente, gentil e delicada, e lembrava minha mãe. Por isso eu me esforçava para que sentisse orgulho de mim.

Certo dia, depois de ouvir tia Fatmata me ridicularizar por causa de minhas manchas, a professora Sarah me chamou de lado e disse:

"Somente os ignorantes e supersticiosos se preocupam com suas manchas. Papa Andrew está tentando mandar todos vocês para os Estados Unidos. Lá você vai ficar com uma mãe e um pai que não vão dar a mínima para suas manchas. Eles só vão se importar com a sua cabeça."

Levei a mão às minhas tranças finas e apertadas. Estavam alaranjadas devido à desnutrição, e meu cabelo estava caindo. Devo ter parecido incrédula em relação às suas palavras, porque a professora Sarah sorriu e continuou:

"Quero dizer que eles só se importam com o que está dentro da sua cabeça... sua inteligência... sua capacidade de aprender."

Depois que ela me disse isso, me esforcei ainda mais. Eu queria agradar meus desconhecidos pais americanos e minha amada professora. E, no dia em que um caminhão vermelho chegou ao portão do orfanato, tive minha chance.

Normalmente, a estação seca trazia a colheita do arroz, mas naquele ano, por culpa dos *debils*, ficamos sem comida. Quando o motorista do caminhão começou a descarregar sacos brancos enormes no portão, soletrei as letras até conseguir ler o que estava escrito em vermelho e azul.

"Farinha de milho: supermilho. Comida!"

As tias começaram a cozinhar a farinha de milho na panela de arroz. O gosto não era tão bom quanto o do arroz ou da mandioca, mas era saudável e enchia nossa barriga.

"Quem nos enviou essa comida?", perguntei mais tarde a Papa Andrew.

"Os americanos. Eles vão chegar em março", respondeu ele.

Os americanos chegariam em março! Eu nunca tinha visto um americano, nem nenhuma das outras meninas. Estávamos tão animadas com a visita que não conseguimos dormir naquela noite.

"Os americanos são brancos", anunciou Kadiatu em sua esteira, do outro lado do quarto.

"Brancos!", exclamou a maioria das meninas ao mesmo tempo.

"Como é uma pessoa branca?", indagou uma menina chamada Yeabu.

"Ouvi dizer que são da cor da nossa farinha de milho, e dá para ver o céu através de seus olhos", respondeu Kadiatu.

"São fantasmas?", perguntou Mabinty Suma.

"Não, são humanos como nós, e todos são médicos ou enfermeiros. Eu sei porque meu irmão conheceu alguns americanos", informou Kadiatu.

"Onde?", perguntei.

"No hospital, quando ele fez uma operação no rosto. Meu irmão disse que os médicos usavam roupas verdes e máscaras", prosseguiu ela.

Com a barriga cheia pela primeira vez em muito tempo, eu podia pensar em outra coisa que não fosse doença e fome. Enquanto estava ali, no escuro, pensei na vida que teria nos Estados Unidos; apesar do otimismo da professora Sarah, fiquei preocupada, porque nenhuma mãe ou pai americanos iriam querer uma criança manchada.

Adormeci sentindo desesperadamente a falta dos meus pais. Seria o meu aniversário no dia seguinte, e eu os queria mais do que nunca.

Quando acordei, o ar estava cheio de poeira laranja. Não dava sequer para ver o sol, e a força do vento do Harmattan quase me derrubou. Tia Fatmata ordenou que ficássemos dentro de casa, mas tive a certeza de ter ouvido a voz de meu pai carregada pelo vento.

"Venha comigo, Mabinty Suma", eu disse à minha amiga. "Quero ir até o portão para ver se meu pai está me chamando."

"Você está louca, Mabinty Bangura. Seus pais estão mortos. Como pode o seu pai estar no portão?"

"Mas eu nunca vi o corpo do meu pai, e ouvi sua voz", insisti.

"É só o barulho do vento", zombou Mabinty Suma.

Balancei a cabeça.

"Talvez ele não tenha morrido. Talvez esteja vivo e tenha vindo me visitar no meu aniversário", declarei, puxando-a pelo braço.

Mabinty Suma revirou os olhos e reclamou:

"Se nós formos, tia Fatmata vai ficar brava."

"Ela não vai me bater. Ela tem medo de mim", lembrei a ela.

"Ah, mas ela não tem medo de mim. Você é a bruxa, não eu, Mabinty Bangura."

O que minha amiga disse era verdade; afaguei seu ombro:

"Pode ficar aqui. Não tenho medo de ir sozinha."

Então, puxei a camiseta por cima do nariz e forcei meus passos contra o vento. As partículas de areia espetavam minha pele como agulhas enquanto eu corria em direção ao portão.

Eu havia corrido bastante quando ouvi Mabinty Suma tossindo e me chamando. Ela estava quase invisível entre as nuvens de pó. Voltei até ela, e, de mãos dadas, fomos para o portão.

Não encontramos meu pai quando chegamos lá. Senti o coração apertado enquanto observava as longas filas de estranhos passando apressados. Os homens empurravam carrinhos de mão cheios com todos os seus bens. Mulheres e meninas levando cestas com seus pertences se arrastavam atrás deles, e os bebês nos *lapas* se agarravam às suas costas.

"Para onde vocês estão indo?", perguntei a uma menina da minha idade.

"A guerra chegou à nossa cidade. Estamos fugindo dos *debils*. Você deveria fugir também", respondeu ela, e seguiu em frente.

Olhei para Mabinty Suma:

"Devemos fugir?"

"Como poderíamos?", perguntou ela. "Não temos pais para nos proteger."

Olhei pelo portão de ferro fundido na esperança de que alguém aparecesse para me levar embora. Então, algo acertou meu rosto.

"Eca! Lixo!" exclamei.

Mas não era lixo. Eu havia sido atacada pelas páginas de uma revista. A revista ficou presa no portão, exatamente onde estava o meu rosto. Estiquei a mão e a peguei.

Era cheia de páginas brilhantes, com imagens de pessoas brancas. Semicerrei os olhos para ver, embora estivesse quase cega pela poeira.

Segurei Mabinty Suma, e juntas corremos para o abrigo de uma árvore.

"Olhe! As pessoas brancas são assim", eu disse, segurando a revista para ela.

"Por que se vestem tão engraçado?", perguntou ela, rindo, segurando a revista a centímetros de seus olhos.

Olhei para a capa. Uma moça branca vestia uma saia muito curta, brilhante, rosa, toda empinada ao seu redor. Ela também usava sapatos cor-de-rosa que pareciam do tecido de seda que eu havia visto uma vez no mercado, e estava parada na ponta dos pés.

"Não é um jeito engraçado de andar?", perguntou Mabinty Suma.

"Humm, acho que ela está dançando", concluí.

"Dançando? Na ponta dos pés? É impossível fazer isso!", exclamou minha amiga.

"Ah, não. Acho que consigo se me esforçar", retruquei.

Então, dei um salto e fiquei na ponta dos meus pés nus. Apoiei de novo as solas e girei, cheia de alegria, apesar do vento que pinicava meu rosto e soprava em minha boca aberta.

"Um dia vou dançar na ponta dos pés como essa moça. Vou ser feliz também!", gritei ao vento.

Naquele momento, ouvimos tia Fatmata gritando para que voltássemos.

"Depressa! Vá. Eu vou atrás de você", recomendei.

Então, rapidamente arranquei a capa da revista, enquanto o vento tentava arrancá-la de minhas mãos, e a dobrei ao meio e ao meio de novo. Enfiei-a dentro da minha calcinha, a única peça de roupa que eu possuía. Corri de volta para o edifício com a revista se agitando em minha mão.

Quando vi tia Fatmata tão brava, falei:

"Veja, tia Fatmata, eu trouxe um presente para você. É uma revista de gente branca e tem muitas fotos maravilhosas."

Ah, o olhar de confusão em seu rosto foi impagável. Deve ter sido muito difícil para ela permitir que as palavras *Obrigada, número 27* saíssem de seus lábios.

Mais tarde, ouvi tia Fatmata reclamando em voz alta para tia Sombo.

"A 26 e a 27 foram até o portão com todo esse vento. Meninas estúpidas. Não sabem que nada de bom vem com o Harmattan?"

Escondi o sorriso com as mãos. Então, fiquei na ponta dos pés e tentei girar pelo quarto, quase tropeçando nas pernas das outras meninas.

"Ei! O que você está fazendo, Mabinty Bangura? Está pisando em nós", reclamou Yeabu.

"Estou celebrando o Harmattan!", exclamei, tonta de empolgação, sabendo que alguma coisa boa vem com o Harmattan, sim.

— *Capítulo 8* —
MULHERES BRANCAS E LIVROS DE FAMÍLIA

No dia seguinte, depois da aula com a professora Sarah, fiquei para trás, como de costume.

"Você tem que ir embora agora?", perguntei, como fazia todas as tardes enquanto ela recolhia seus pertences e se preparava para a longa caminhada até sua casa.

"Mabinty Bangura, no que você está pensando?", perguntou a professora.

"Encontrei um tesouro", respondi, e desdobrei cuidadosamente a foto que escondia desde a noite anterior. "Estou tentando ler estas palavras, mas a maioria é muito difícil", eu disse, e estendi a ela a capa amassada.

"Ah, é a foto de uma bailarina", disse ela, apontando para uma palavra. "Esta palavra, *ballerina*, é italiana. Significa 'pequena dançarina'. A moça da foto é uma dançarina de balé."

"O que é balé?", perguntei.

"É um tipo de dança. É preciso muitos anos de treino para ficar boa nisso", explicou ela enquanto caminhávamos em direção ao portão.

"Você acha que eu poderia aprender?", indaguei.

"Talvez, se você fizer aulas de balé", respondeu a professora Sarah.

"Você poderia me dar aulas de balé?"

"Ah, quem dera eu tivesse tanta graça e talento", disse ela. "Não, não posso ensinar balé, mas tenho um livro sobre isso na casa dos meus pais, em Freetown. Da próxima vez que eu for lá, vou trazer o livro para você", prometeu ela, com um sorriso carinhoso no rosto.

Fiquei tão animada com a notícia que corri gargalhando e gritando pelo pátio do orfanato. Papa Andrew franziu a testa para mim.

"Você está atrasada, como de costume. Estou falando aos outros órfãos sobre as americanas que em breve virão nos visitar. Agora, sente-se e fique quieta."

Apressadamente, sentei-me ao lado de Mabinty Suma e ouvi Papa Andrew nos advertir para que nos comportássemos bem. Ele franziu a testa para mim de novo quando levantei a mão e perguntei:

"Elas vão nos levar para os Estados Unidos?"

"Se você não se atrasasse, Mabinty Bangura, saberia a resposta para essa pergunta. Não, não agora. Elas vêm para fotografar e analisar cada um de vocês. E também vão imunizar vocês", disse ele.

Assenti com a cabeça. Eu sabia o que era fotografia, e havia sido examinada por um médico uma vez — um médico africano —, mas não sabia o que significava a palavra *imunizar*. Levantei a mão para perguntar a Papa Andrew, mas ele me ignorou. Ele já dissera muitas vezes que eu fazia perguntas demais. Decidi esperar e descobrir por conta própria o que significava aquela palavra comprida.

Na manhã seguinte, levantamos cedo para tomar banho e fazer novas tranças. Papa Andrew nos organizou em fila no portão, a mais baixa na frente e a mais alta atrás. Ele nos fez cantar uma das canções em inglês que a professora Sarah havia nos ensinado quando um carro passou pelo portão do orfanato. Cantamos a minha favorita, "Lapa, Lapa, Lapa on My Shoulder". Ansiosa para agradar, eu cantava a plenos pulmões.

Minha voz falhou quando três senhoras saíram do carro. Eram as mulheres mais estranhas que eu já havia visto. Não pareciam nem um pouco com a linda bailarina da minha revista. Aquelas mulheres tinham o rosto vermelho e brilhante e o cabelo frisado, selvagem. Uma delas tinha o cabelo amarelo, a segunda, laranja, e a terceira, castanho. Todas elas tinham olhos de cores diferentes também.

"Ah, sim. Elas são enfermeiras, com certeza. Eu sei", murmurou Kadiatu, com voz de autoridade.

"Eu não sabia que os brancos vinham em cores diferentes, como os gizes de cera da professora Sarah", sussurrei no ouvido de Mabinty Suma.

A mulher mais alta disse:

"Adorei a música de vocês! Que língua é essa?"

Quando Papa Andrew traduziu o elogio para o krio, nós rimos, porque achávamos que havíamos cantado em inglês.

Papa Andrew estalou os dedos e apontou para nós, um por um. Pulamos e ajudamos as mulheres a carregar caixas do carro para nossa sala de aula. Quando as caixas estavam abertas, as mulheres nos puseram em fila do lado de fora da sala. As outras meninas foram para trás, mas eu fui para a frente da fila, puxando Mabinty Suma, nervosa, comigo.

Uma das mulheres sorriu para mim enquanto escrevia meu nome na primeira página de seu caderno. A seguir, a segunda mulher mediu minha altura e a largura do meu braço. Então, ela me pesou. Quando olhou para os números na balança, apertou os lábios e franziu a testa. Comecei a me preocupar. Talvez eu não pesasse o suficiente para ir para os Estados Unidos.

A terceira mulher esguichou um suco doce em minha boca. Tinha um gosto muito bom, e eu decidi que, se essa fosse minha imunização, não tinha problema.

De repente, a segunda mulher colocou os braços firmemente em torno de mim. Comecei a gritar quando a terceira segurou meu braço e estava prestes a furá-lo com uma agulha. Eu me mexia e me contorcia. Até tentei morder a mulher que me segurava, mas ela não me soltou.

A agulhada foi rápida, e eu fui recompensada com uma coisa chamada pirulito. Era redondo e laranja, e tinha um gosto ainda melhor que o do suco doce. Por fim, a terceira mulher me abraçou, me fez um afago e me levou para fora.

Uma vez livre, andei para cima e para baixo pela fila de meninas que esperavam sua vez.

"Vale a pena levar uma agulhada para ganhar esta coisa doce e redonda", eu explicava enquanto segurava o pirulito.

Mabinty Suma logo saiu da sala de aula com um pirulito roxo. Eu deixei que ela provasse o meu e então experimentei o dela. As americanas brancas nos deram muito mais pirulitos enquanto estavam lá. Também pintaram nossas unhas. Durante a visita, Papa Andrew nos alimentou com todos os tipos de guloseimas, como frango e quiabo. Fiquei triste ao vê-las partindo, e fiz um pedido a uma estrela: que elas não se esquecessem de nós.

Meu desejo se tornou realidade. As americanas não se esqueceram de nós. Elas nos mandaram escovas de dentes, barris de roupas, sapatos, telas para as janelas, camas, canos compridos que levavam a água do poço para o interior de nosso complexo e pequenos pacotes de um pó colorido chamado Kool-Aid, uma marca de refresco.

Papa Andrew acrescentava o pó colorido na nossa água quando ela ficava com o gosto rançoso. O Kool-Aid tinha cheiro de pirulito, mas era amargo. Passou-se muito tempo até que contei essa história a alguém nos Estados Unidos e entendi a razão: o Kool-Aid devia ser misturado com açúcar, mas isso seria caro para nós.

A melhor coisa que os americanos nos enviaram foram livros de família. Papa Andrew explicou:

"Estes são livros elaborados por seus novos pais, e serão preenchidos com fotos e mensagens deles. Cada um de vocês terá seu próprio livro, com exceção das irmãs. Elas vão compartilhar o mesmo, porque vão para a mesma família."

Desde o dia em que Papa Andrew mencionou os livros até o dia em que chegaram, não fizemos nada além de imaginar como seriam. Eu disse a todos que minha nova mãe seria jovem, alta e magra. Que dançaria na ponta dos pés. Meu pai seria ainda mais alto. Ambos seriam muito inteligentes e leriam bastante.

Certa noite, quando estávamos falando sobre nossas novas famílias, Mabinty Suma ficou calada.

"Que foi? Por que você está tão quieta?", perguntei.

Então, ela começou a chorar:

"Nós vamos ter mães e pais diferentes. Talvez nem moremos na mesma aldeia."

Senti um nó na garganta. Esse pensamento não havia me ocorrido. Eu simplesmente achava que, como éramos melhores amigas e nossos nomes eram iguais, a mesma família nos adotaria. De repente, ser adotada e me mudar para os Estados Unidos não parecia tão divertido como eu pensava.

Depois, chegou o caminhão com as caixas de livros de família, e as coisas pioraram. Mabinty Suma e todas as outras meninas no orfanato tinham um livro de família, mas eu não. Senti um buraco na barriga. Doía mais que quando eu estava com fome.

Enquanto todas as meninas se sentaram em círculo, rindo e compartilhando as fotos de suas novas famílias, eu saí de fininho e fui para a sala de aula. A professora Sarah ainda estava lá, limpando as coisas. Quando me ouviu entrar na sala, olhou-me com surpresa e perguntou:

"Mabinty Bangura, por que não está lá fora vendo seu livro de família?"

"Eu não recebi nenhum", sussurrei. "Ninguém me quis. Eu devo ser feia demais."

Comecei a chorar e corri para a professora, que abriu os braços e me balançou para a frente e para trás.

"Por favor, me adote", implorei. "Eu não vou comer muito, e vou ajudar você a cuidar do seu bebê", eu disse enquanto acariciava sua barriga crescente.

A professora Sarah ficou comigo por um longo tempo naquele dia, tentando me consolar.

— *Capítulo 9* —
OS DEBILS!

Os *debils* entravam e saíam de nossa cidade desde o Harmattan. Eles incomodavam muitas pessoas na cidade, mas deixaram nosso orfanato em paz. Eu havia ouvido Papa Andrew falar para as tias e para nosso vigia noturno que era seguro ali durante o dia, mas que não deviam sair às ruas após o anoitecer, quando os *debils* ficavam bêbados e loucos de drogas.

Estava mais escuro que o habitual quando acompanhei a professora Sarah até o portão naquela noite. Ouvimos os sons distantes de risos bêbados.

"É seguro voltar para casa agora?", perguntei.

"Sim, se eu me apressar", ela me assegurou.

Fiquei no portão, como quase todas as noites quando a professora Sarah ia embora. Naquela noite ela andou mais rápido que o normal em direção à sua casa. De repente, da escuridão, dois caminhões de *debils* iluminaram a estrada de terra e a professora Sarah com seus faróis. Eles pararam e os homens e meninos saltaram, rindo.

"NÃO!", gritei quando eles cercaram a professora Sarah.

Espremi meu corpo magro através das barras de ferro do portão e corri pela estrada atrás dela.

Quando cheguei lá, vários *debils* a seguravam pelos pulsos e tornozelos. Um grande *debil*, que era claramente o líder, gritava:

"Menino ou menina?"

Um grande grupo de *debils* o cercou, segurando punhados de dinheiro. O líder, então, levantou a faca longa e curvada sobre sua cabeça.

Quando vi o que o *debil* estava prestes a fazer, me joguei sobre a professora Sarah.

O líder *debil* riu de mim, pegou-me pela blusa e me jogou de lado como se eu não pesasse mais que um inseto. A seguir, ele cortou a professora Sarah com a faca. O sangue jorrou por todos os lados, cobrindo-me da cabeça aos pés.

O *debil* enfiou a mão dentro da professora Sarah e tirou seu bebê. Ele o examinou e gritou:

"É menina!"

Vários homens gemeram. Haviam apostado que o bebê era um menino, de modo que perderam dinheiro. Os outros, que haviam apostado que era uma menina, gritaram em triunfo.

O líder *debil* riu quando a menina, tão pequenina, esboçou sua primeira respiração e abriu os olhos. A seguir, ele jogou a criança no mato ao lado da estrada. Corri para tentar salvar o bebê. Se eu não podia salvar minha professora, pelo menos poderia salvar a filha. Mas um jovem *debil* me arrastou de lá, chutando e gritando. Ele não era muito mais velho do que eu.

Então, o líder *debil* voltou a atenção para mim.

"O que temos aqui? Você está causando problemas *de novo*?"

Ele acenou para o menino soldado. Este se lançou em direção a meu peito com a faca, mas, quando me olhou nos olhos, hesitou; só o tempo suficiente para eu dar um passo atrás. A faca apenas me roçou.

"Mate-a, ou eu mato você!", gritou o líder *debil* para o menino.

"Pare, por favor! Não a mate. Ela é só uma pobre menininha órfã. O que importa para você se ela está viva ou morta?", implorou uma voz frenética.

Era tio Sulaiman, o vigia noturno do orfanato, que devia ter me seguido. Senti um nó na garganta quando o vi. Ele não sabia que os *debils* não hesitariam em cortar seus membros? No entanto, o líder *debil* pareceu se divertir com tio Sulaiman. Perguntou:

"Por que eu deveria me importar?"

"Você não... não deveria. Por isso seria fácil deixá-la ir", disse tio Sulaiman.

O líder *debil* balançou a cabeça, como se considerasse sua lógica.

"Tudo bem, leve-a. Mantenha-a fora do meu caminho", ordenou.

Sulaiman me jogou por cima do ombro e correu de volta para o orfanato. Ele me levou para o diretor, que me bateu com uma vara por ter saído.

De um jeito estranho, eu estava quase grata pela surra, porque o ardor dos vergões levou minha mente para longe do horror que eu havia testemunhado. Papa, mama, e agora a professora Sarah... como eu poderia seguir em frente? Então, vi o rosto choroso de Mabinty Suma.

"Mabinty Bangura! Onde você estava? Eu estava tão preocupada. Pensei que você estivesse morta!", gritou ela.

Abracei-a com força, mas não pude lhe dizer o que havia visto. Naquela noite fiquei deitada, tremendo, pensando na professora Sarah, sem conseguir dormir.

Na manhã seguinte, Papa Andrew anunciou que a professora Sarah não voltaria a nos dar aula. As outras crianças achavam que era por conta do nascimento do bebê. Passaram-se muitos meses antes que eu pudesse contar a alguém o que havia acontecido.

Os ataques dos *debils* foram ficando cada vez piores, e nós começamos a nos sentir inseguros, mesmo por trás do portão. Poucos dias depois de a professora Sarah ter sido assassinada, todos acordamos com algo explodindo no quintal, como uma bomba. Corremos para a janela para ver o que havia acontecido.

"*Debils*! Escondam-se!", gritei quando meus olhos caíram sobre os homens camuflados que pularam do caminhão verde que invadira nossa propriedade.

"Esconder? Onde?"

Kadiatu chorava enquanto olhava pelo quarto com os olhos arregalados.

"Debaixo das camas novas", ordenou Mabinty Suma.

Ficamos debaixo das camas pelo que pareceu uma eternidade, mas provavelmente foram apenas alguns minutos, antes de uma bota abrir a porta com um chute.

"Diga a suas menininhas órfãs para sair", ordenou uma voz rouca. "Não vou machucá-las."

A seguir, ouvimos a voz de Papa Andrew afirmando: "Saiam, meninas. Está tudo bem."

Uma a uma, saímos de nossos esconderijos.

"Depressa!", grunhiu o líder *debil* enquanto nos levantávamos.

A visão que tivemos foi horrível. Um homem alto, de cabelos grisalhos, segurava uma arma na cabeça de Papa Andrew. Era o mesmo homem que havia atacado a professora Sarah.

Segurei a mão gelada de Mabinty Suma. Se fosse morrer, queria que fosse com alguém que amava. Na luz bruxuleante, pude ver que várias outras crianças fizeram o mesmo. Irmãs deram-se as mãos, amigas deram-se as mãos, enquanto esperávamos nosso destino.

Para minha surpresa, os *debils* não atiraram em nós nem cortaram nossos membros. Em vez disso, o líder ordenou a Papa Andrew que nos pusesse em fila e nos levasse para a escuridão da noite.

"Declaro que este orfanato é agora sede da Frente Revolucionária Unida em Makeni. Vou poupar sua vida, a vida de seus funcionários e a de suas menininhas órfãs", disse o líder *debil* a Papa Andrew.

"Onde vamos viver?", perguntou Papa Andrew.

"No mato, onde nós, membros da FRU, normalmente dormimos", respondeu o líder.

"Posso pegar os documentos de adoção e os passaportes das crianças em meu escritório?", perguntou Papa Andrew.

Surpreendentemente, o líder *debil* concordou e ordenou que seu vice escoltasse Papa Andrew até o escritório. Mabinty Suma sussurrou em meu ouvido:

"Mabinty Bangura, você poderia perguntar ao *debil* se podemos pegar nossos livros de família?"

Sem pensar duas vezes, perguntei:

"Podemos pegar os livros de nossas famílias americanas?"

O líder *debil* semicerrou os olhos. Então, jogou a cabeça para trás e riu.

"Menininha, você de novo testando minha paciência."

Mas, quando Papa Andrew voltou, o líder *debil* o mandou pegar nossos livros de família.

Quando estávamos prontos para ir embora, o líder *debil* alertou:

"Não pensem em fugir para a fronteira da Guiné. Serão mortos se tentarem sair de Serra Leoa. Nosso país precisa de seu povo."

Se isso fosse verdade, eu me perguntava por que os *debils* matavam tanta gente; mas era melhor não perguntar.

Papa Andrew, tia Fatmata, tia Sombo e tio Sulaiman nos guiaram para fora do orfanato. Saímos sem nada, exceto os livros de família e os documentos que permitiriam à maioria de nós ir para os Estados Unidos. Atravessamos a selva e as montanhas da fronteira da Guiné. Sim, isso mesmo. Estávamos indo para o país vizinho, a Guiné, apesar das ameaças do líder *debil*.

Eu não tinha um livro de família para me estimular a atravessar o mato, de modo que peguei a foto dobrada da revista. Aquela foto era minha única esperança. Era minha promessa de uma vida melhor em algum lugar longe de toda essa loucura.

— *Capítulo 10* —
Passos para os Estados Unidos

Vimos centenas de cadáveres no caminho saindo de Serra Leoa. Os *debils* haviam usado facões em muitas pessoas, mas a maioria, até mesmo crianças pequenas, havia sido baleada na cabeça. Jaziam no chão com os olhos e a boca abertos de terror. Dava para saber quanto tempo fazia que estavam mortos devido ao mau cheiro e aos insetos que rastejavam sobre eles.

À noite nós nos revirávamos de fome, medo e uma coceira enlouquecedora, porque a maioria de nós havia pegado catapora. Mabinty Suma tentava nos confortar cantando músicas de nossos dias no orfanato. A minha favorita era "Let There Be Light" — uma música que ela havia inventado. Essa música e a foto da bailarina eram as duas coisas que me faziam lembrar que eu ainda estava viva.

Uma tarde, quando eu já não tinha mais forças, ouvimos uma voz na mata fechada. Um homem de uniforme apareceu, assustando-nos. Fomos direto para as árvores. Papa Andrew quase deixou cair a criança que carregava em seu esforço de nos deter.

"Estamos aqui! Estamos aqui! Chegamos à fronteira da Guiné!", gritou ele.

Aos meus olhos, um uniforme camuflado era como qualquer outro. O soldado da fronteira não parecia diferente dos *debils* que haviam nos aterrorizado, mas, por fim, saímos de trás das árvores. Quando pisamos na Guiné, um rosto familiar emergiu da multidão para nos receber. Era tio Ali, da agência de adoção norte-americana em Serra Leoa. Ele era um homem mau, e eu geralmente não me alegrava em vê-lo, mas meu coração ficou feliz dessa vez. Eu sabia que ele levaria minhas companheiras da fronteira para suas novas casas nos Estados Unidos. Mas para onde eu iria? A ideia de ser deixada para trás me fez sentir como se houvesse sido esfaqueada.

Papa Andrew e tio Ali nos empilharam em um caminhão. Fomos levadas para uma aldeia improvisada, onde as barracas eram feitas de plástico fino; parecia uma cidade de sacos de lixo. Levaram-nos para uma das cabanas e ali ficamos, olhando uma para a outra, debaixo do calor, enquanto o sol caía sobre nosso abrigo. Eu sentia tanto calor, cansaço e fome, e estava tão doente que não sabia se chorava de autopiedade ou ria para celebrar nossa chegada.

O campo de refugiados da ONU na Guiné não era um lugar onde podíamos rir e brincar. As árvores, que outrora eram altas, haviam sido cortadas para servir de estacas sobre as quais nossas barracas de sacos plásticos foram construídas. Tocos de árvores despontavam do solo, por isso era muito perigoso correr por ali.

Antes do anoitecer, um agricultor advertiu Papa Andrew de que rebeldes da FRU tentariam se esgueirar para dentro do acampamento depois de escurecer.

"Mantenha as crianças lá dentro", disse ele. "Qualquer criança desacompanhada pode ser sequestrada ou morta."

Sentamos todas juntas no chão dentro da cabana na primeira noite. De manhã, Papa Andrew nos deixou com tio Sulaiman e as tias enquanto foi para a cidade vizinha. Mais tarde, quando o sol estava a pino e o interior da barraca de plástico era quente o suficiente para nos assar feito mandioca, ele voltou para nos buscar.

"Consegui uma casa para nós em Conakry", informou ele. "Vocês estarão mais seguras lá. É muito longe da fronteira para que a FRU sequestre crianças."

Eu só conhecia o distrito de Kenema, de Serra Leoa, onde nasci, e a cidade de Makeni, no distrito de Bombali. Conakry e Guiné, para mim, pareciam ficar do outro lado do mundo.

"Conakry fica perto dos Estados Unidos?", perguntei.

"Não, é um passo a caminho dos Estados Unidos", explicou Papa Andrew. "O aeroporto internacional fica lá. É lá que vamos pegar nosso voo da Guiné para Gana, e de lá vocês vão de avião novamente para os Estados Unidos."

Meu queixo caiu; devo ter parecido atordoada, porque Papa Andrew perguntou:

"Como você acha que iria para os Estados Unidos? Andando?"

"Pensei que iríamos de caminhão", respondi.

Papa Andrew riu. Parecia que ele ria bastante quando eu dizia alguma coisa. Quando o conheci, achava que ele ria de mim, e ficava louca. Mas depois soube que ele ria porque me achava engraçada, e eu gostava disso.

"Os Estados Unidos ficam do outro lado do oceano", explicou.

"Não poderíamos ir de barco?", perguntei.

"Isso levaria a vida toda. Qual é o problema de ir de avião?"

"Ele pode cair do céu, ou posso passar mal lá no alto", respondi, e ele riu mais uma vez.

"Um navio pode afundar, e você com certeza passaria mal em um barco", disse Papa Andrew.

Ele era a única pessoa na barraca de plástico que parecia achar minhas palavras engraçadas. Todo mundo estava preocupado demais para rir.

Ele ainda balançava a cabeça de um lado para o outro e ria sozinho quando nos conduziu para fora de nossa casa de plástico, para a estrada que saía do acampamento. Lá, um velho enrugado nos esperava com um táxi amarelo e preto. Já havíamos andado de caminhão antes, mas nenhuma de nós jamais havia entrado em um carro. Entramos, julgando ser uma viagem de luxo.

Todas nós nos esprememos no banco de trás. Sentamo-nos umas no colo das outras, e os quatro adultos foram na frente com o motorista. Eu não conseguia ver nada, porque estava enterrada debaixo de uma pilha de crianças. Tudo de que consigo me lembrar da viagem é que eu suava e tinha vontade de vomitar.

Nossa casinha em Conakry não era muito diferente do orfanato em Makeni. Não tínhamos camas novas, como as que os americanos haviam mandado para nós em Makeni, portanto dormíamos em esteiras.

Também não tínhamos professora nem livros em Conakry. Todos os dias eu pensava na professora Sarah e nos maravilhosos livros de histórias que ela lia para nós; minhas lembranças dela eram ao mesmo tempo alegres e tristes.

Papa Andrew e tio Ali tentaram comprar livros com o dinheiro que a agência de adoção americana havia mandado, para que pudéssemos continuar nossas aulas, mas não havia livros para comprar. Pelo menos não livros escritos em inglês, porque o francês é a língua oficial da Guiné. Assim, as menininhas liam os livros de família de novo e de novo.

Como eu não tinha um livro de família para ler, ficava sentada, sozinha, com um graveto, escrevendo palavras na terra.

"O que você está fazendo?", perguntou Mabinty Suma.

"Estou fingindo que tenho uma família americana e que este é o meu livro de família."

"Não precisa fingir, Mabinty Bangura. Vou dividir meu livro de família com você."

"Mas é a sua família, não a minha", respondi, com os olhos cheios de lágrimas.

"Bem, quando eu encontrar minha nova mãe, posso perguntar se ela quer duas filhas", disse Mabinty Suma.

Isso me animou, então, juntas, Mabinty Suma e eu lemos o livro de família dela. Juntas, recitamos as palavras "Olá, eu sou sua mãe americana. Olá, eu sou seu pai americano. Você tem três irmãos americanos. Eles se chamam Adam, Erik e Teddy. Teddy toca piano".

Toda vez que líamos isso, perguntávamos uma à outra: "O que é piano? Como se toca?"

Mabinty Suma e eu gritávamos toda vez que chegávamos à página que dizia: "Este é nosso cão. O nome dele é Alaska." Era um cachorro enorme, com dentes compridos, afiados, e bastante pelo branco. Era maior que nós duas juntas.

"Você acha que ele tem raiva?", eu perguntava, e isso nos fazia gritar mais alto.

"Parece que ele quer nos comer", dizia Mabinty Suma, e de novo gritávamos.

A página de que eu mais gostava era a que dizia "Esta é a nossa casa no Dia de Ação de Graças. Ação de Graças é uma festa, quando agradecemos e comemos peru".

"Esse peru é a maior galinha que já vi", eu comentava.

"Mal posso esperar para comê-lo."

De alguma forma, eu havia me convencido de que aquela era minha família, tanto quanto de Mabinty Suma. Quando me lembrava de que o peru não pertencia à minha família, porque eu não tinha uma, sentia a dor no peito de novo e começava a chorar.

Mabinty Suma preferia a página que dizia: "Este é o seu quarto." A foto era de uma cama vermelha brilhante com um cobertor colorido. Víamos bonecas na cama, e, no fundo, vestidos pendurados. Eu não podia deixar de sentir ciúmes porque ela logo estaria usando aqueles vestidos e eu ficaria para trás com nada além de trapos.

Mais tarde, ela percebeu que havia uma cama em cima e uma embaixo.

"Veja! Minha cama tem duas partes! Há espaço suficiente para você! Eu prometo: vou perguntar à minha nova mãe se você pode dormir na cama de cima."

Mabinty Suma e sua cama com duas partes me deram esperanças.

Um dia, Papa Andrew convocou uma reunião e anunciou:

"Amanhã iremos ao aeroporto. Vamos para Gana. É mais um passo para os Estados Unidos. Lá, vocês vão conhecer seus novos pais."

Por um momento, esqueci que não tinha família. Juntei-me às outras crianças gritando de alegria; até que tia Fatmata disse:

"Ei, 27, o que você está comemorando? Ninguém quis uma criança manchada. Papa Andrew me disse que você foi oferecida a 12 famílias, mas todas se recusaram a pegá-la. Você vai ficar na África comigo."

A ideia de ficar para trás com tia Fatmata me encheu de terror. Levantei-me e corri para fora da sala. Mais tarde, Papa Andrew foi falar comigo. Ele me explicou que, no último minuto, haviam encontrado uma família para mim. Eu também seria adotada.

Por mais animada que estivesse em ter uma família americana, eu havia me acostumado com a ideia de que a família de Mabinty Suma também seria a minha. Eu havia perdido todas as pessoas que amava no mundo. Como poderia viver sem minha melhor amiga?

— *Capítulo 11* —
NOS BRAÇOS DE UMA MÃE

Na manhã seguinte, embarcamos no avião para Gana. Eu estava tão nervosa que vomitei em todo o meu vestido e no tio Ali. A aeromoça tentou me limpar com toalhas de papel molhadas, mas, mesmo limpo, o vestido ainda ficou com um cheiro horrível.

Depois que o avião pousou, fui a primeira a ver os pais brancos; não conseguia parar de observá-los e tentar adivinhar quais me pertenciam. Tio Ali estava bravo comigo por causa de meu mau comportamento no voo e pelo vômito em suas calças. Ele me arrastou pela multidão de observadores, puxando meu braço e andando tão rápido que meus pés mal tocavam o chão. Ele me arrastou até o banheiro e me espancou, antes de me levar de volta através da multidão.

Eu estava tão envergonhada e com tanta raiva que não conseguia parar de fazer cara feia quando por fim saí pelo portão com as outras meninas. Mabinty Suma beliscou meu braço e disse:

"Se você ficar com essa cara feia, as famílias americanas não vão gostar de você."

Eu a ignorei, porque de repente me distraí com os pés das mulheres.

Eu me abaixei para examinar os sapatos, esperando que minha mãe usasse sapatilhas cor-de-rosa. Muitos dos pais usavam tênis, que eram um luxo na África, e eu queria desesperadamente um par; mas não tanto quanto queria sapatilhas cor-de-rosa. Os tênis que eu via eram sem graça, cinza, bege, preto ou branco. Vi um par de tênis vermelhos brilhantes de uma mulher separada das outras. Meu olhar foi de seus pés ao seu rosto, e reconheci a mãe de Mabinty Suma do livro de família. Segurei o braço de minha amiga e apontei com o queixo em direção à sua nova mãe.

A mulher sorriu para nós. Ela se aproximou e pôs as mãos em nossas costas.

"Eu sou sua nova mãe", disse ela para nós duas. "Vocês vão ser irmãs."

Seria verdade? Pensei ter entendido a palavra *irmãs*, mas não podia acreditar em meus ouvidos. Apertei a mão de Mabinty Suma e fiquei tão animada que até belisquei o braço dela. Ela devia estar tão feliz quanto eu, porque não ficou brava e me beliscou também.

Por fim, nossa nova mãe nos pegou pela mão e nos levou, e nós sabíamos que nosso sonho de ficar juntas estava se tornando realidade. Achei que seríamos levadas diretamente para nosso novo lar nos Estados Unidos — aquele com o lago no quintal, o cachorro feroz branco, o piano e o grande frango de Ação de Graças; mas não iríamos para os Estados Unidos por um tempo. Nós havíamos entrado em Gana sem visto, e passamos horas à espera de autorização para entrar naquele país.

Olhei para minhas amigas. Estavam com seus novos pais, assustadas, sem saber o que as aguardava. Eu não sentia medo. Queria tanto ser irmã de Mabinty Suma que tinha certeza de que ia dar tudo certo.

Mabinty Suma segurava nossa nova mãe como se a conhecesse pela vida toda. De repente, tio Ali se levantou e as separou. Ele disse a mama:

"Você já tem trabalho suficiente com uma criança. Deixe que eu seguro esta."

A seguir, ele se sentou com Mabinty Suma no colo.

Mabinty Suma sempre odiara tio Ali, por isso não me surpreendi ao ver seu queixo tremer e as lágrimas encherem seus olhos. Mama foi até tio Ali, disse algo a ele e tirou Mabinty Suma de seu colo. Só consegui entender duas palavras: "Cinco filhos."

O que quer que ela tenha dito a ele naquele dia o deixou irritado, porque seus olhos brilhavam de fúria. Ele não estava acostumado a ser enfrentado por mulheres. Quando mama voltou ao seu lugar com Mabinty Suma, não pude deixar de sorrir. Eu gostava dessa nova mãe... muito.

Mais tarde, quando já conseguia falar e entender inglês bem, soube o que mama dissera a tio Ali: "Eu criei cinco filhos. Certamente posso cuidar destas duas crianças." Foi quando ela nos explicou que, além de seus filhos, Adam, Erik e Teddy, ela e papa haviam adotado dois meninos hemofílicos, chamados Michael e Cubby, que morreram de Aids antes de nós chegarmos aos Estados Unidos.

Quando finalmente recebemos nossos vistos, fomos levadas aos médicos para que nos examinassem. Eram médicos africanos pagos pela embaixada americana para peneirar quem imigrava para os Estados Unidos. Os médicos deram uma olhada em minha pele e conversaram entre si, especulando se minhas manchas poderiam ser o resultado de uma terrível doença chamada sífilis congênita.

Minha nova mãe enfrentou esses homens também.

"Essa criança não tem sífilis congênita, nem de qualquer tipo. Ela tem vitiligo."

Os médicos e eu olhamos com espanto para mama. Ela não se parecia com ninguém que eu já havia visto. Seu cabelo era amarelo pálido e os olhos, da cor do céu.

"Como sabe? A senhora é médica?", perguntou um dos médicos africanos.

"Na verdade, sou professora de medicina", respondeu ela.

Os médicos imediatamente pararam de discutir. Carimbaram um papel e fui aprovada para entrar nos Estados Unidos.

Com uma mãe assim, eu sabia que poderia fazer qualquer coisa, até mesmo dançar com sapatilhas cor-de-rosa.

Não percebi que minha nova mãe estava com medo até que segurei sua mão e senti que estava tremendo. Quando nos sentamos na sala de espera, ela me segurou bem perto de si. Até esse momento eu permanecia meio arredia, mas então tudo mudou. Ela havia me defendido, protegido, assim como minha mãe africana teria feito. Ela era minha mãe a partir de então, e me aninhei em seus braços. Fazia muito tempo que não me sentia protegida.

Logo foi a vez de Mabinty Suma ser examinada. De olhos brilhantes e pele escura, sem falhas, ela facilmente ganhou o selo de aprovação dos médicos; tempos depois, porém, descobrimos que ela tinha alguns problemas sérios de saúde. Quando voltamos para a sala de espera, mama abraçou a nós duas e nos aconchegou. Nós éramos irmãs, parte de uma família, com a sorte de ter encontrado a mãe certa.

Mais tarde naquele mesmo dia, fomos para o hotel de nossa mãe. Mabinty Suma e eu ficamos muito animadas ao ver que lá havia uma cama de verdade, como aquela que Papa Andrew tinha no orfanato. Pulamos em cima da cama, para cima e para baixo, rindo sem parar.

Mama riu e nos tirou da cama. Ainda rindo, ela nos levou para outro quarto, onde apertou um interruptor na parede e, como mágica, a luz inundou o espaço. Mabinty Suma e eu tentamos apertar o interruptor também, e a luz se apagou. Apertamos o interruptor para cima, e a luz acendeu de novo. Apertamos para baixo e a luz se apagou.

Enquanto nos entretínhamos com o interruptor, mama virou uma maçaneta em uma banheira branca. Saiu água de um cano, que nossa mãe chamou de torneira. Ela derramou uma tampinha de um líquido amarelo na água e bolhas começaram a encher a banheira. Por fim, ela nos ajudou a entrar. Nosso primeiro banho de espuma! Mabinty Suma e eu estávamos muito empolgadas.

"Me cheire!", gritei de alegria e levantei as mãos!

Eu nunca tive um cheiro tão bom antes.

Depois do banho, nossa mãe nos enrolou em toalhas, levou-nos para o quarto de dormir e nos deu roupas limpas e cheirosas. As minhas eram roxas e as de Mabinty Suma eram rosa.

Nunca me vesti tão rápido! Corri para procurar a bela foto da bailarina entre minhas roupas velhas e sujas no chão do banheiro. Felizmente, ainda estava lá.

Nossa mãe começou a desfazer as malas, tirando delas pequenas bonecas, miçangas e sacos de roupas. Então, encontrou dois pares de tênis rosa com glitter. Quando os calçamos, luzes começaram a piscar em nossos calcanhares.

Mesmo tendo adorado os tênis brilhantes, fiquei parada ao lado de minha mãe esperando pacientemente a única coisa que eu realmente queria, enquanto Mabinty Suma pegava as miçangas e as bonecas e as espalhava em cima da cama para brincar. Mama olhou para mim e disse algo. Embora eu não entendesse uma palavra de inglês, pelo som de sua voz eu sabia que ela estava me fazendo uma pergunta.

Ela abriu todas as malas, como se me convidasse a procurar nelas. Logo eu estava cavando as pilhas de roupas e brinquedos, olhando em todos os cantos, recantos e compartimentos com zíper da bagagem dela. Ela não havia levado sapatilhas cor-de-rosa. Ela se agachou em minha frente e perguntou:

"O que é que você quer tão desesperadamente, querida filha?"

Tentei lembrar as palavras em inglês que a professora Sarah havia me ensinado, mas elas não surgiam em meus lábios. Então, balbuciei em krio, tentando explicar sobre a bailarina e os sapatos especiais cor-de-rosa.

Minha mãe balançou a cabeça. Era óbvio que não me entendia. Por fim, peguei minha foto de revista e mostrei a ela. Enquanto ela a desdobrava cuidadosamente, eu girava ao redor da sala e ficava na ponta de meus pés nus.

Minha mãe americana arfou. E então riu.

"Então, você quer ser bailarina!", exclamou, com a voz alegre.

Bailarina! Era essa a palavra que a professora Sarah havia me ensinado.

"Sim", respondi, timidamente.

Minha mãe colocou as mãos sobre meus ombros. Muito lentamente, ela disse:

"Em casa, nos Estados Unidos, você vai dançar."

Meu coração batia rápido. Eu estava sem fôlego de tão excitada. Ela me entendia. Ela sabia que eu queria dançar. Eu estava quase delirando de alegria, sabendo que meu sonho poderia um dia se tornar realidade.

— *Capítulo 12* —
Michaela, Mia e *O quebra-nozes*

Em nosso segundo dia em Gana, mama percebeu que toda vez que ela chamava Mabinty, ambas íamos correndo. Ter o mesmo nome não importava no orfanato, onde éramos chamadas por números. Mas ela não pretendia nos chamar de 26 e 27. Então, apontou para Mabinty Suma e disse:

"Mia Mabinty."

Então apontou para mim:

"Michaela Mabinty."

Nossos primeiros nomes africanos se tornaram nossos nomes do meio americanos. Uma semana depois, quando embarcamos no avião para os Estados Unidos, já respondíamos por nossos novos nomes.

Eu tive febre e dormi a maior parte da longa viagem aos Estados Unidos, enquanto Mia se divertia olhando pela janela do avião o deserto do Saara, lendo revistas e comendo montes de manteiga durante nossa escala na Alemanha.

Minha febre cedeu temporariamente, e eu acordei na hora do pouso no aeroporto internacional John F. Kennedy, em Nova York. De lá fomos levadas para o sul, para nossa casa em Cherry Hill, Nova Jersey, em um carro preto brilhante que era mais chique que qualquer outro que eu já havia visto. No caminho, eu estava com tanta fome — não havia comido no avião porque estava dormindo — que implorei por arroz. O motorista parou e nossa mãe nos levou para dentro de um edifício que ela chamou de ponto de parada e descanso; mas ninguém parecia estar descansando lá.

Fiquei impressionada com a quantidade de comida que havia lá. Não havia arroz, mas mama comprou tudo que apontávamos: cachorro-quente, frango frito, suco de laranja e sorvete. Mia e eu comemos tudo!

Por fim, paramos em frente a uma bela casa azul cercada por árvores altas. Um homem mais velho, de cabelos brancos, e dois jovens de cabelos escuros foram nos receber. Mia e eu sabíamos, pelo livro de família, que eram nosso pai e irmãos mais velhos Teddy e Erik. Eu me lembrei também da página que dizia: "Adam é seu irmão mais velho. Ele é casado e mora a 1,6 quilômetro de distância." Por isso, não fiquei surpresa por Adam não estar lá.

Confiei em meu novo pai imediatamente, mas estava desconfiada em relação aos mais jovens. Eu queria perguntar se eles eram *debils*, mas estava com muito medo.

Por fim, decidi que, como não carregavam facas ou rifles, e como minha nova mãe os abraçara, eles provavelmente não eram *debils*.

Durante todo o caminho para casa nós seguramos com força as mochilas que nossa mãe nos dera, porque eram as primeiras coisas que possuíamos. Portanto, sendo Teddy e Erik irmãos ou não, não os deixamos tocar em nossas mochilas. Colocamos as duas nas costas e seguimos nossa mãe para dentro de casa.

Na África as mulheres se reúnem e os homens vão cuidar da vida. A mãe de uma menina é sempre sua maior influência, amiga e conselheira. Acho que foi por isso que, a partir daquele primeiro dia em minha nova casa, senti uma ligação especial com minha nova mãe.

Naquele primeiro dia, enquanto vagava pela casa que pertencia à minha nova família, fiquei extasiada ao descobrir a piscina, e implorei para nadar. Mia ficou menos impressionada com a piscina que com o piano na sala de estar. Nós duas nos lembrávamos da foto de Teddy tocando piano. Então, como Mia estava do outro lado da sala olhando para o estranho objeto, Teddy se sentou em um banco e começou a tocar.

Quando ele tocou as teclas brancas e pretas do piano, a música aflorou do instrumento e o rosto de Mia se iluminou de alegria. Na África, ela e eu havíamos pensado que esse grande objeto fosse um brinquedo. Nós não fazíamos ideia de que um piano fazia música. Depois do primeiro dia, Mia e eu brigamos muitas vezes para ver de quem era a vez de tocar.

Como Mia e eu havíamos chegado doentes aos Estados Unidos, passamos muito tempo no consultório médico, onde nos furaram com agulhas diversas vezes. Os antibióticos curaram a amigdalite terrível que eu tinha quando havia chegado. O médico disse à minha mãe que, se eu houvesse ficado na África mais um dia ou dois, a infecção teria se espalhado pelo meu corpo, causando sepse. Eu certamente teria morrido.

Com exceção das agulhas, meu novo mundo era maravilhoso. Na primeira vez que fui ao supermercado, eu não podia acreditar na quantidade de alimentos que se alinhavam nas prateleiras. No começo eu relutava em tocar qualquer coisa, mas, depois, vi minha mãe e meu pai pegando frutas e colocando-as em um carrinho, e passei a fazer o mesmo. Mia se juntou a mim, e nós duas pegamos tudo o que vimos pela frente. Começamos a correr para cima e para baixo pelo corredor, enchendo nossos braços e nossa boca, enquanto nossos pais nos perseguiam.

De repente, papa me pegou e me colocou no banco da frente de um dos carrinhos. Mama fez o mesmo com Mia. Comecei a chorar de frustração, até que minha mãe me entregou uma caixa vermelha, de onde pulou uma pequena frutinha marrom e amassada em minha boca. Era doce e absolutamente deliciosa. Não demorou muito para eu devorar a caixa inteira de uvas-passas.

Depois que nossos pais encheram um carrinho cada com comida, entraram em uma fila e deram a uma mulher um cartãozinho de plástico. Fiquei espantada por terem nos dado toda aquela comida de graça! Eu queria um desses cartões de plástico para mim. Naquela noite, na cama, Mia e eu tentamos pensar em jeitos de fazer nossos próprios cartões de plástico.

Poucos dias depois, nossa mãe nos levou para outro edifício, ainda maior. Disse que se chamava shopping center. Era como o bazar de Makeni, só que fechado, mais limpo e melhor. Dessa vez, em vez de comida, compramos roupas.

Eu queria tudo que via. Corri até um vestido roxo e tentei puxá-lo do cabide, quando mama disse:

"Não!"

Fiquei louca. Tudo o que eu tinha que fazer era roubar seu cartão de plástico e o vestido seria meu.

"Por quê? Por quê?", gritei.

Mia começou a pegar vestidos também. Nossa mãe precisou nos agarrar e nos levar para fora da loja enquanto esperneávamos e gritávamos. Demorou algumas idas ao shopping até que Mia e eu aprendêssemos que não podíamos ter tudo que queríamos.

A vida nos Estados Unidos era muito divertida, com novas aventuras todos os dias. No final do verão, papa nos levou à praia. Lá, ele nos levantava alto quando as ondas ameaçavam nos derrubar. Ele cavou um buraco fundo na areia e juntou conchas conosco. Enquanto caminhávamos pela praia, mama apontou para a água:

"Eu conheci vocês lá, do outro lado do oceano, na África."

Olhei naquela direção, fascinada. Eu estava feliz por já estar do lado de cá do oceano.

Quando o sol se pôs, caminhamos pelo calçadão, comemos pizza e fomos ao parque de diversões. Subimos nos helicópteros, nos carros de bombeiros, na roda-gigante e nos cavalos do carrossel, que subiam e desciam. Lembro como esses cavalos de madeira pareciam altos. No início, papa ficou ao meu lado para me segurar. Acho que foi no carrossel que eu soube que, mais uma vez, tinha um pai para me proteger.

Perto do fim do verão, mama nos levou a um mercado de fazendeiros para comprar tecido a fim de fazer cortinas novas para nosso quarto. Papa deu a cada uma de nós dois dólares para que gastássemos com o que quiséssemos. Passamos por uma barraca que vendia DVDs.

"Vamos ver o que temos aqui. Vocês não querem escolher um filme para assistir em casa?", perguntou nossa mãe enquanto procurava nas pilhas de vídeos, que custavam 99 centavos cada.

De repente, meus olhos se iluminaram.

"Mama, veja! Acho que este filme é de balé", eu disse, em meu inglês com forte sotaque.

Eu já não falava mais krio, nem com minha irmã, porque mama havia prometido me matricular no balé assim que eu conseguisse entender e falar inglês.

Mama pegou a caixinha de minha mão para ver.

"Michaela, você é uma menina muito inteligente! É *O quebra-nozes* de Balanchine, interpretado pelo New York City Ballet!"

Ela o entregou de volta a mim, e eu o fiquei girando em meus dedos. Fiquei feliz por ter encontrado aquele filme, especialmente porque havíamos perdido uma mala na viagem da África para os Estados Unidos e eu não tinha mais a foto da bailarina, parte tão importante de minha vida até então. Orgulhosamente, entreguei uma de minhas notas de dólar ao caixa para pagar O *quebra-nozes*.

Mais tarde, enquanto nossa mãe costurava as cortinas novas para nosso quarto, Mia e eu assistimos a O *quebra-nozes* várias vezes. Levei-o para a cama comigo naquela noite e assisti de novo na manhã seguinte, e todos os dias depois. Mia e eu dançávamos juntas na sala de estar.

Aquilo que eu só podia imaginar quando olhava para a foto da bailarina da revista agora se tornava realidade. Logo eu estava implorando pelas aulas que mama havia me prometido no quarto do hotel de Gana. Ela pendurou um calendário na parede de nosso quarto e circulou a data 13 de setembro de 1999. Então, escreveu "Aulas de balé" com tinta vermelha, e fui ao céu de tanta alegria.

— *Capítulo 13* —
EMMA, A BEBÊ

Desde cedo até a hora de dormir, minha nova vida como Michaela era totalmente diferente da que eu tinha como Mabinty. Eu acordava em uma cama macia, aninhada sob um edredom aconchegante de arco-íris. Descia correndo a escada para a cozinha brilhante e alegre, onde minha mãe, que estava lendo na mesa da cozinha, me cumprimentava com um sorriso e um abraço caloroso.

Eu adorava abrir o armário da cozinha e escolher o cereal para o café da manhã. Colocava-o em uma tigela amarela vibrante e adicionava uma colher de frutas, que podiam ser morangos, mirtilos ou framboesas. Então, despejava um copo de leite por cima. Ter tantas opções me deixava tonta de alegria. O melhor de tudo era que eu podia comer até minha barriga ficar cheia; não tinha que esperar até alguém encher os pratos de outras 26 crianças.

Quando eu precisava ir ao banheiro, bastava me levantar e correr para lá. Não tinha que me preocupar com alguém roubando minha comida. Eu dava descarga sem medo de cair em um fosso fedorento. Depois, lavava as mãos com um sabonete rosa espumante que esguichava de um pote. Ah, nos Estados Unidos tudo cheirava bem, pensava eu. Até o banheiro!

Havia luzes em todos os lugares em minha nova casa. No começo, Mia e eu ficávamos correndo para lá e para cá. Havia tantos botões para tantas coisas, como as máquinas que se agitavam e gemiam por toda a casa. Havia máquinas grandes e barulhentas para a limpeza. Uma máquina lavava a roupa, uma segunda as secava, e uma terceira lavava os pratos. Havia até uma máquina para sugar as migalhas e a sujeira do chão.

Mama não precisava acender o fogão a lenha para fazer arroz. Em minha casa nova, ela cozinhava em um fogão quente, mas sem chamas.

"Onde está o fogo?", perguntei da primeira vez em que a vi cozinhar.

"É elétrico", explicou mama enquanto colocava uma bandeja de biscoitos no forno.

Eu acendia a luz do forno para ver, com espanto, os biscoitos aos poucos ficarem crocantes e dourados.

Depois do café da manhã, Mia e eu escolhíamos a roupa para vestir. Tínhamos um armário cheio de vestidos coloridos. Ríamos e conversávamos enquanto decidíamos se usaríamos rosa, roxo, bolinhas ou estampas. Sempre escolhíamos roupas iguais, e muitas vezes as pessoas achavam que éramos gêmeas.

Nossos pais nos estimulavam a experimentar uma comida diferente todos os dias, para que pudéssemos nos acostumar com novos alimentos. Em Serra Leoa, tudo o que comíamos era arroz, pimenta, farinha de milho, mandioca, manga e banana. Agora, nossos pais queriam que provássemos milho, ervilhas, cenoura, maçã e muitas outras comidas estranhas. Mia e eu gostávamos de "Tinky Winks". Todo mundo as chamava de *buffalo wings*, mas era um nome muito comprido para aprender. Depois de um tempo, até as garçonetes do restaurante as chamavam de Tinky Winks e diziam que éramos suas meninas favoritas.

Nos Estados Unidos ninguém debochava de mim nem me agredia. Ao contrário de tia Fatmata, meus novos pais não usavam uma vara para me punir. Em vez disso, eles usavam uma cadeira, onde eu era forçada a me sentar e ficar quieta por três minutos quando não me comportava.

Mama fez uma lista de regras para nos ajudar a aprender a nos comportar melhor. Pendurou-a na porta, e várias vezes ao dia dizia:

"Vamos ler nossas regras."

Ficávamos tão animadas por aprender inglês que era um prazer ler as regras em voz alta:

REGRAS
1. Não bater.
2. Não morder.
3. Não beliscar.
4. Não arranhar.
5. Não falar palavrão.

Logo já não batíamos, mordíamos, beliscávamos, arranhávamos nem falávamos palavrões. Só continuávamos a abusar de nossas bonecas. Batíamos nelas e gritávamos com elas, chacoalhando-as até que as cabeças quase caíam, imitando o jeito como tia Fatmata tratava as crianças no orfanato.

Estávamos com nossa nova família havia dois meses quando, um dia, a assistente social ligou para mama. Ela estava com um problema: uma mulher, que não tinha certeza se queria ficar com seu bebê ou entregá-lo para adoção, precisava de uma semana ou mais para se decidir. A assistente social perguntou se nossos pais estariam dispostos a cuidar do recém-nascido por uma semana. Mama disse que sim, e a bebê Emma foi morar conosco por um tempo.

Mama levava o carrinho de Emma para todo lado, de modo que ela nunca ficava sozinha. Pegava Emma no colo e a ninava na cadeira de balanço. Mia e eu nos sentávamos no chão em frente a ela, segurando nossas bonecas, enquanto a observávamos cuidar do bebezinho.

Ela nos dizia:

"Uma boa mãe abraça delicadamente seu bebê. Uma boa mãe não bate em seu bebê. Uma boa mãe diz palavras bonitas para seu bebê e esfrega suas costas. Uma boa mãe beija o bebê e o faz sentir-se amado."

Até o fim daquela semana, Mia e eu aprendemos que o jeito de tia Fatmata não era o certo para cuidar dos bebês.

No dia em que a assistente social foi buscar Emma para levá-la para a mãe biológica, mama deixou que cada uma de nós a segurasse por alguns minutos. Ela tirou fotos de nós com Emma. Na minha, estou beijando a cabeça da bebê para que ela soubesse que era amada.

Nossos pais nos levaram de férias para Vermont no dia seguinte, assim não sentiríamos muito a falta de Emma. Mas nós sentíamos, e falamos dela durante toda a viagem. Dois meses depois, o Papai Noel trouxe a cada uma de nós uma boneca igualzinha a Emma. Nós duas chamamos nossas bonecas de Emma e cuidamos bem de nossas bebês, assim como mama havia cuidado da Emma de verdade. Graças à nossa lista de regras e à visita de Emma, Mia e eu aprendemos a ser delicadas para brincar. Não nos batíamos mais depois disso, nem batíamos em outras crianças.

— *Capítulo 14* —
NO MUNDO DO BALÉ

Embora ninguém zombasse das minhas manchas nos Estados Unidos, às vezes uma criança apontava para mim e perguntava aos pais: "O que aquela menina tem?" Então, eu queria cavar um buraco e desaparecer. Se estivéssemos suficientemente longe da criança, simplesmente nos afastávamos e não a ouvíamos mais. Mas às vezes estávamos tão perto que não a podíamos ignorar. Então, mama explicava o vitiligo, e acabei aprendendo a explicar também, porque ela dizia:

"Às vezes é melhor responder à pergunta da criança, para que ela entenda que não há nada de errado com você. Às vezes as crianças são só curiosas, não malvadas."

Quando chegou a hora de minha primeira aula, eu estava apavorada, usando meu colante. Havíamos visitado o estúdio de dança no dia em que nossa mama nos matriculara. Lá, descobri que ficaríamos diante de um espelho o tempo todo. Eu odiava a ideia de ficar olhando para minhas manchas durante a aula, por isso, quando fomos comprar as roupas de balé, insisti para comprar um colante de gola alta e mangas compridas.

Mia e eu experimentamos nossos novos colantes, as meias e as sapatilhas assim que chegamos em casa. Coloquei O *quebra-nozes* e nós dançamos por horas na sala. Eu me contorcia, coçava e pingava de suor enquanto dançávamos, mas Mia estava confortável com seu colante sem mangas.

Naquela noite, durante o jantar, Mia contou ao nosso papa tudo sobre as compras para as aulas de balé. Fiquei de mau humor enquanto ela descrevia seu novo colante rosa.

"Que foi, Michaela?", perguntou papa.

"Meu colante é muito quente. Dá coceira", reclamei.

"Seu colante também dá coceira?", ele perguntou a Mia.

"Claro que não. O meu não tem mangas e tem gola assim", respondeu ela, desenhando um U em seu peito.

"Seu colante é diferente?", perguntou nosso papa.

Meus olhos se encheram de lágrimas. Eu disse:

"Sim, o meu tem mangas compridas e gola alta."

"Por que mama escolheu um colante diferente para você?"

"Não foi ela, fui eu. Eu escolhi para não ver minhas manchas no espelho", respondi, sentindo-me de novo como a número 27 enquanto enxugava as lágrimas que escorriam pelo rosto.

"Ah, querida, você não precisa usar esse colante quente", disse mama. "Eu comprei outro igual ao de Mia, para o caso de você mudar de ideia."

"Mas as crianças vão ver minhas manchas, e eu vou vê-las no espelho", respondi, sentindo pena de mim mesma.

Mama não entrou na minha:

"Bem, querida, você não vai poder usar colante de mangas compridas e gola alta quando for uma bailarina mundialmente famosa. Por isso, pode muito bem se acostumar a não usar desde agora."

Embora eu normalmente fosse teimosa, dessa vez aceitei o conselho sem discutir. No dia seguinte, fui à aula com o colante rosa sem mangas e decotado.

Quando entrei na escola de dança com Mia e mais dez meninas, minhas expectativas eram altas. Eu já havia decorado a coreografia de Balanchine para *O quebra-nozes*, de modo que esperava sair da aula dançando como uma bailarina de verdade. Para minha grande decepção, só metade da aula foi de balé; a outra metade foi sapateado. Eu não tinha nada contra sapateado, mas queria que a aula toda fosse de balé. Aprendemos as cinco posições básicas, e a fazer *plié* e *tendu*. Eu esperava que fôssemos passar imediatamente para coisas maiores, como arabescos, *grands jetés* e piruetas, mas não conseguimos. Duas meninas choraram chamando os pais, e as professoras demoraram para acalmá-las. Depois, algumas meninas não conseguiam fazer os passos muito bem. Logo a meia aula de balé acabou e nos mandaram colocar os calçados de sapateado. Quando as professoras acabaram de amarrar as fitas dos nossos sapatos, a aula estava quase no fim.

Quando saímos da aula, Mia foi pulando alegremente até nossa mãe:

"Mama, eu amei a aula de dança!"

Mama deu uma olhada para minha cara feia e não disse uma palavra até chegarmos ao carro. Então, perguntou:

"O que foi, Michaela?"

"Eu odiei. Eles não ensinam bem. Eu queria fazer piruetas."

Mama explicou que dançar balé era como ler um livro.

"Primeiro você aprende as letras. Depois, as palavras. Por fim, junta as palavras para formar uma história. Você precisa aprender os passos simples, como o *tendu*, antes de poder dançar um balé completo. Vamos tentar por mais uma semana e ver se melhora. Se você não gostar mesmo, vou procurar outro curso", prometeu ela.

Naquela tarde, Mia e eu mostramos a nossa mãe o que havíamos aprendido. A seguir, fomos correndo ver *O quebra-nozes*. Primeiro dançamos a cena da festa, depois a "Valsa das flores".

"É isso que chamo de dança", eu disse enquanto interpretava o papel da fada Gotas de Orvalho, girando na ponta dos pés em volta de Mia e das bonecas que eu havia arrumado no chão como flores.

Na semana seguinte, fui para a aula pensando que progrediríamos para a dança de verdade. Foram os mesmos passos que havíamos aprendido. Antes que pudéssemos aprender um novo passo, foi a vez do sapateado. Na terceira aula eu já sabia controlar o tempo. Notei que fazíamos apenas vinte minutos de balé e quarenta de sapateado.

Fiquei emperrada nessas aulas por várias semanas, mas o tempo do balé foi diminuindo e o de sapateado, aumentando.

"Mama, estou aprendendo bastante sapateado. Acho que nunca vou aprender a ser bailarina aqui", sussurrei no ouvido de minha mama uma tarde depois da aula.

Na época do Natal, papa comprou ingressos para vermos *O quebra-nozes* com a companhia de balé da Pensilvânia, estado vizinho. Mama fez vestidos de veludo vermelho com aventais brancos para Mia e para mim. Usávamos os vestidos com fitas verdes no cabelo e sapatos pretos de verniz nos pés. Parecíamos as crianças da cena da festa de *O quebra-nozes*.

Quando entramos no hall da Academia de Música da Filadélfia, meu coração parou: a Fada Açucarada estava sentada lá, e as crianças faziam fila para tirar fotos com ela. Mia e eu entramos na fila também, e decidi naquele momento que um dia dançaria o papel da Fada Açucarada.

A apresentação foi de tirar o fôlego. Fiquei encantada, observando cada passo e cada movimento de braço e cabeça dos bailarinos. Depois do balé, nosso papa perguntou:

"O que acharam, meninas?"

"Foi quase perfeito!", respondi.

"Quase? Por que quase?", questionou ele.

"Porque, na cena da neve, um dos bailarinos levantou o braço errado e deu um passo com o pé errado", respondi. "Queria ver de novo amanhã. Talvez seja perfeito."

Meus pais riram.

"Só um *Quebra-nozes* por ano", disse papa.

"Mas vamos ver outro balé diferente mais tarde", prometeu mama.

Durante o jantar, ela perguntou:

"Que papel você gostaria de dançar, se pudesse?"

"Agora quero o papel de uma menina da festa ou de Marie, mas, quando crescer, quero fazer a dança árabe e a Fada Açucarada", respondi.

"E você, Mia? Qual foi sua parte favorita?", perguntou nosso papa.

"Eu gostei mais da orquestra", respondeu minha irmã. "Gostei daquele instrumento preto pontudo com botões prateados. Ele tocou uma nota e todo mundo o seguiu. Que instrumento é?"

"O oboé? Você ficou olhando para o oboé o tempo todo?", perguntou nossa mãe.

"Não o tempo todo. Eu vi os bailarinos um pouco, mas fiquei escutando sempre esse instrumento pontudo... o oboé", explicou Mia.

Naquela noite, Mia e eu conversamos sobre *O quebra-nozes* até tarde. Estávamos tão empolgadas que tivemos dificuldade para dormir. Quando por fim consegui adormecer, sonhei que dançava no palco da Academia de Música.

Poucos dias antes do meu quinto aniversário, mama me levou para a Filadélfia para me matricular na Rock

School for Dance Education. Mia foi conosco, mas não se matriculou.

"Eu gosto de sapateado, não quero mudar de escola."

Quando fui apresentada ao diretor da escola, levantei a perna no ar e a mantive lá.

"Veja o que eu sei fazer. Quero aprender a fazer ainda mais", eu disse.

O diretor riu e me colocou no pré-balé 2.

Minhas novas aulas na Rock School eram muito mais divertidas do que as que eu fazia antes. Meu professor tornava a aula interessante. Ele nos ensinava passos de balé de verdade e nos deixava fazer nossas próprias combinações. O melhor de tudo é que não tínhamos que parar para calçar sapatos de sapateado.

No fim do semestre, a Rock School faria uma apresentação na Academia de Música, no mesmo lugar onde eu havia visto *O quebra-nozes*. Estávamos ensaiando para a apresentação quando nosso professor nos mandou dar as mãos e formar um círculo. Quando estendi a mão para pegar a da menina ao meu lado, ela levou a mão à boca e olhou para mim com horror. Então, sussurrou para a menina ao seu lado e apontou para meu pescoço e peito.

Eu me senti como a número 27 novamente. Olhei meu reflexo no espelho por toda a sala. *Você é uma menina feia*, disse a mim mesma. Mas, nesse momento, Nora, a mais antiga e melhor bailarina da classe, atravessou a sala na minha direção. Então, levantando a mão, ela perguntou ao professor:

"Posso dançar ao lado de Michaela? Ela é minha melhor amiga."

Nora se pôs ao meu lado e apertou minha mão, sussurrando:

"Você é uma bailarina muito boa para uma menininha."

Fiquei emocionada. Nora era boa, isso sim. Ela dançava balé havia três anos, e eu a admirava. Eu não podia acreditar que ela me notara. Pelo resto do ano, fiquei atrás dela na sala de aula e imitei cada movimento seu.

Por fim, o dia da apresentação chegou. Quando entrei com mama na Academia de Música, puxei sua mão. Ela se inclinou, e sussurrei em seu ouvido:

"Por favor, veja se dá para ver minhas manchas da plateia. Se não der, sei que poderei ser uma bailarina profissional um dia."

Mas, quando entrei no palco, todas as minhas preocupações desapareceram da minha mente. Eu estava emocionada por dançar em um palco tão grande.

Quando o público aplaudiu, senti meu coração acelerar. Foi uma sensação tão inebriante que eu sabia que não poderia viver sem ela. Percebi, então, que precisava me tornar bailarina profissional.

Durante o intervalo, me joguei nos braços de mama e perguntei:

"Então, deu para ver?"

"Não... de jeito nenhum", sussurrou, cúmplice. "Parecia mágica. A distância, parecia pó mágico ou glitter."

Eu suspirei e disse:

"Agora sei que vou ser bailarina profissional."

Levei anos para perceber que mama havia mentido para mim naquela noite, mas foi uma mentira do bem. Àquela altura da vida, eu precisava acreditar que minhas odiadas manchas pareciam pó mágico e não estragariam meu sonho.

— *Capítulo 15* —
UMA NOVA IRMÃ

Nossa infância na África havia sido diferente daquela da maioria das crianças americanas, de modo que Mia e eu levamos um tempo para nos acostumarmos a brincar com elas. Eu achava muito engraçado quando chegava a hora do lanche e uma de minhas colegas de escola exclamava:

"Até que enfim! Estou morrendo de fome!"

Eu via todos aqueles braços e pernas roliços e sabia que ninguém em minha classe estava morrendo de fome.

Um dia, durante o recreio, os meninos brincavam com paus fingindo que eram armas. Eddie, o maior de nossa classe, atirou em Todd e disse:

"Bang, bang! Você está morto."

Todd caiu no chão, cruzou as mãos no peito e fechou os olhos.

"Vejam, Todd está morto", disse Eddie.

Caminhei até Todd e olhei para ele. Revirei os olhos

"Todd não está morto", debochei.

"Sim, está", argumentou Eddie.

"Mia, venha aqui e olhe. Todd está morto?", perguntei.

Mia olhou para Todd e deu uma risadinha.

"É claro que Todd não está morto."

A essa altura, todas as outras crianças estavam reunidas em volta de nós para ouvir nossa discussão.

"Como você sabe que Todd não está morto?", perguntou uma das meninas.

"Porque já vi um monte de gente morta, e não é assim."

"E como é uma pessoa morta?", Eddie quis saber.

"Vou mostrar", respondi.

Deitei no chão, arregalei os olhos e abri a boca, bem solta.

"É exatamente assim que é uma pessoa morta", confirmou Mia, olhando para mim.

Tanto ela quanto eu ganhamos certo grau de respeito de nossos amigos, porque sabíamos como era gente morta.

No ano seguinte, comecei a fazer balé e outros tipos de dança em uma escola mais perto de casa, em Nova Jersey. Embora eu tivesse paixão pelo balé, descobri que amava todos os tipos de dança. Mia e eu nos divertimos muito fazendo jazz e sapateado juntas. No entanto, não importava quão divertidas fossem as aulas, o balé era meu primeiro amor. Eu não podia viver sem ele.

Suzanne Slenn, minha professora, disse:

"Você tem sorte por ter nascido com elasticidade e talento natural. Espero mais de você por causa disso."

Então, eu me esforçava muito para agradá-la.

Eu não tinha muito controle de minha elasticidade naquele tempo. Enquanto outras crianças tinham seus pais ou seus dentistas arrancando os dentes de leite, eu chutava os meus com meu próprio pé quando fazia *grands battements*.

Certa tarde, enquanto mama estava no supermercado ao lado da escola de dança, eu saí correndo da aula com sangue jorrando da boca. A mãe de minha amiga Samantha me ajudou a lavar o sangue do rosto e do colante. Ela me confortou dizendo que eu chutava tão alto que até uma Rockette teria inveja.

Na época em que meus dentes permanentes estavam nascendo, duas outras coisas importantes aconteceram para mim e para minha família. Ganhamos uma nova irmã, e começamos a estudar em casa. Certa tarde, recebemos um telefonema da mãe adotiva de Isatu Bangura, outra menina do nosso orfanato. Isatu era a número 2 porque as tias a amavam. Mia e eu a amávamos também, e mantivemos contato com ela nos Estados Unidos. Mas a adoção de Isatu não estava dando certo.

Quando o telefone tocou, estávamos sentados à mesa da cozinha planejando uma viagem para a Escócia a fim de comemorar o aniversário de casamento dos meus pais. Minha mãe pediu licença para atender a chamada no andar de cima.

Cerca de meia hora depois, ela desceu e perguntou ao papa:

"Podemos pegar Isatu?"

Papa disse:

"Claro que não!"

Mama ficou atônita.

"Mas por que não?", questionou.

"Isatu não é nossa filha. Você sabe como seria complicado levar o filho de outra pessoa para um país estrangeiro?", perguntou meu pai.

"Ah, por favor, por favor... Isatu pode ir à Escócia também?", Mia e eu entramos na conversa.

"Ah, eu não quero levá-la para a Escócia", disse mama. "Quero adotá-la. A mãe americana não pode ficar com ela, e eu odiaria que ela tivesse que ir para um orfanato."

Papa riu.

"Achei que você quisesse levá-la para a Escócia conosco. Claro que podemos adotá-la!"

Esse é o meu papa. Ele sempre hesita nas pequenas coisas, por exemplo, que tipo de cereal comprar no supermercado; mas, quando se trata de decisões grandes e importantes como uma adoção, ele responde imediatamente com seu coração aberto e generoso. Mia e eu ficamos muito felizes. Abraçamos nossos pais e planejamos a chegada de nossa nova irmã.

Na primeira noite de Isatu conosco, fiquei acordada pensando em como é estranho o destino. Lá estávamos Mia e eu, números 26 e 27, as duas crianças mais desfavorecidas do orfanato, sendo amadas por nossos pais. Isatu, por outro lado, fora a favorita das tias, a número 2, mas sua situação mudou quando chegou aos Estados Unidos. Eu não conseguia entender isso, mas me sentia imensamente grata por ver aonde o destino me levara.

Logo após a chegada de Isatu, ela disse:

"Não é justo. Mia e Michaela começam com M, mas meu nome começa com I."

Eu sugeri que ela mudasse seu nome para um mais exótico, como Svetlana, Tatiana ou Natalia, nomes das bailarinas mais famosas da Rússia. Mas Isatu disse:

"Não. Quero um nome com M."

Então, ela se tornou Mariel.

Começamos a estudar em casa quando papa passou a trabalhar para uma empresa japonesa. Seu horário mudou para acompanhar a jornada de trabalho no Japão. Isso significava que ele saía mais tarde de casa, mas em compensação chegava tarde da noite. Mia, Mariel e eu sentíamos falta do tempo que passávamos com papa. Antes ele lia para nós todas as noites, mas agora só o víamos de manhã e nos fins de semana.

Certa noite, eu estava com tanta saudade do papa que fiquei acordada até ouvi-lo voltar para casa. Então, na ponta dos pés, desci as escadas e me joguei em seus braços.

"Papa! Estou com saudade de você!", choraminguei.

"Estou com saudade de você também", disse ele, me abraçando.

E disse para mama:

"Adotei essas três meninas, mas quase nunca vejo minhas princesas."

Na manhã seguinte, ela disse:

"Vocês não gostariam de estudar em casa? Assim, poderiam acordar mais tarde e tomar café da manhã com papa. À noite, poderiam jantar mais tarde com ele, e ele poderia ler histórias para vocês antes de dormir de novo.

Como Mia, Mariel e eu éramos melhores amigas, além de irmãs, gostamos da ideia de estudar em casa. Então, respondemos, felizes:

"Sim!"

Foi bom termos concordado, porque acabou sendo divertido. Nós terminávamos nossas lições cedo e chegávamos a tempo para nossas aulas extracurriculares. E o melhor de tudo era que passávamos tempo com nosso papa quando chegávamos em casa.

Estudar em casa também facilitou as coisas para mim quando voltei à Rock School, aos 7 anos. Eu não precisava me preocupar em dormir tarde ou acordar cedo.

Como eu era um pouco mais velha e mais experiente dessa vez, naquele outono tive que participar de uma audição para ver em que nível estaria. Esperava entrar no Nível 1, ou, eventualmente, no 1X. Fiquei chocada e animada quando fui aceita no Nível 2... a primeira aula de sapatilha de ponta.

Meu coração saltitava no dia em que experimentei minha primeira sapatilha de ponta. O toque do cetim era exatamente como eu imaginava que seria quando encontrei a foto da bailarina na revista. Enquanto eu segurava a barra na loja de sapatilhas, fiquei na ponta dos dedos, como a professora havia ensinado. De repente, me senti mais alta e elegante. Tirei a mão da barra e me equilibrei na ponta dos pés pela primeira vez na vida. Fiquei tão feliz que quase chorei! Eu mal podia acreditar que no dia seguinte dançaria na ponta dos pés. Naquela noite, esfreguei o cetim de minhas novas sapatilhas com os dedos enquanto adormecia, sonhando em me tornar uma bailarina de verdade.

— *Capítulo 16* —
O ANIVERSÁRIO DOS ENLATADOS

Mia, Mariel e eu tínhamos a mesma idade. De cabelo curto, pernas longas e pele cor de chocolate, passávamos por trigêmeas. Apesar de ser divertido para nós, isso às vezes gerava muita confusão. Quando entramos na equipe de natação no centro comunitário, nossos nomes eram listados pela primeira inicial com o sobrenome, por isso éramos todas M. DePrince. Nas competições, cada participante só podia nadar três vezes. Certa vez, ouvi um menino de outra equipe reclamar com a mãe:

"Não é justo! Por que eu só posso nadar três vezes? Eu vi M. DePrince nadar nove vezes!"

Éramos um trio ocupado. Além de nadar na equipe, fazíamos aulas de dança e música. Nadávamos na mesma equipe, mas fazíamos aulas de dança diferentes e tocávamos instrumentos musicais diferentes. Nunca nos sentíamos solitárias estudando em casa porque tínhamos uma à outra, além dos amigos do balé e da natação.

Certa noite, pouco antes do meu aniversário de 8 anos, quando assistia ao noticiário na televisão com meu irmão

Teddy, ouvi que o banco de alimentos local estava ficando sem comida.

"O que é um banco de alimentos?", perguntei a Teddy.

"É um lugar onde as pessoas vão buscar comida de graça quando não têm dinheiro."

Nunca imaginei que as pessoas pudessem passar fome nos Estados Unidos. Isso me chocou. Perguntei:

"De que tipo de comida esse banco de alimentos precisa?"

"Ah, acho que precisa de produtos enlatados, como ervilha, milho, feijão, cenoura, espaguete... Por quê? Está planejando doar alimentos enlatados?"

Passei os braços pelo pescoço de Teddy e perguntei:

"Se eu fizer isso, você vai me ajudar?"

"Claro. Você sabe que sim", respondeu ele.

Na tarde seguinte, quando mama, minhas irmãs e eu estávamos assando biscoitos, perguntei:

"Mama, posso fazer uma festa de aniversário?"

"Claro, querida", respondeu ela.

Depois de colocar as assadeiras de biscoitos no forno, ela lavou as mãos, pegou uma caneta e um bloco de papel de uma gaveta da cozinha e se sentou à mesa comigo.

"Quem você quer convidar?", perguntou ela.

"Jamie, Tabrea, Sabrina, Lauren, Briana, Katie, Annie, Rachel, Maria, Adriana, Jessica, Kaitlyn, Kristin..."

E assim eu fui, até que havia mais de 35 meninas na lista.

"Uau! São muitas meninas! Que tipo de festa você está pensando em fazer?", perguntou mama.

"Ah, eu adoraria fazer um baile e usar um vestido como o da Bela Adormecida ou da Cinderela."

"E se as meninas que você convidar não tiverem esses vestidos?", questionou ela.

"Elas podem usar vestidos especiais, ou podem emprestar umas das outras."

"Pense em quantos presentes você vai ganhar!", disse Mariel enquanto amassava massa de biscoito no balcão da cozinha, ocasionalmente levando um pouco de massa crua à boca.

"Não coma massa crua!", explodi, porque fiquei irritada por ela se meter em meus planos para a festa. "Eu não quero presentes. Só quero ganhar latas", respondi.

"Latas?", perguntou mama.

"Latas?", repetiu Mariel.

"Latas, tipo latas de comida?", perguntou Mia.

"Sim, latas... tipo latas de ervilha, de milho, de frutas. Quero doar latas para o banco de alimentos. Ouvi na televisão que eles dão comida para os pobres que estão ficando sem enlatados."

Mama gostou da ideia, mas disse que teria que pesquisar. Na semana seguinte, ela descobriu que custava apenas 75 dólares alugar o salão de um hotel.

"E o bolo de aniversário está incluído!", exclamou ela.

Quando Teddy chegou para o jantar, eu o fiz se lembrar de que havia prometido me ajudar a coletar latas para o banco de alimentos.

"Tudo bem, vou ajudar. Diga o que você quer que eu faça", disse ele.

Teddy era DJ, então perguntei se ele podia cuidar da música da festa. Ele concordou, e então, no meu aniversário, ele e a namorada tocaram e ensinaram todas as minhas amigas a dançar hokey-pockey, electric slide, cotton-eyed Joe e outros ritmos engraçados. Teddy tingiu o cabelo de azul naquela noite. Todas as minhas amigas o acharam bonito e superlegal. Isso me deixou muito orgulhosa. Era como ter um irmão mais velho que era uma celebridade.

Usei um vestido rodado cor de vinho com brilho na parte de cima. Papa disse que eu estava linda, e minhas irmãs e amigas também. Todas nos sentimos estrelas de Hollywood indo receber o Oscar. O *Philadelphia Inquirer* até mandou um repórter e um fotógrafo para cobrir a festa, como se fosse um grande acontecimento.

Naquela noite, depois da festa, Adam ajudou Mia e eu a pesar cada saco de mantimentos em nossa balança. Depois de somarmos tudo, vi que havia recebido quase uma tonelada de alimentos! Adam e minha mãe nos ajudaram a levar tudo para um banco de alimentos em Camden, Nova Jersey. Enquanto conversávamos com a mulher que dirigia o banco de alimentos e ela nos dizia que muitas famílias aproveitariam nossa comida enlatada, percebi que doar alguma coisa em meu aniversário me fazia sentir muito melhor do que receber presentes. Foi uma sensação que nunca esqueci.

— *Capítulo 17* —
TEMORES

Minha vida era boa nos Estados Unidos. Eu tinha roupas bonitas, muita coisa para comer e muito amor. Minha família tirava férias divertidas na praia, no Arizona e até na Disney. E o melhor de tudo era que eu dançava. Eu gostaria de deixar todas as minhas lembranças ruins e desgostos em Serra Leoa, mas não foi possível. Eu tinha pesadelos frequentes. Em um sonho, minha mãe africana estava sendo perseguida por *debils* e lutava para escapar deles, mas eu a impedia. Eu era pequena demais para correr depressa. Quando os *debils* nos pegavam, eu acordava em pânico, suando. Em outro sonho, eu conseguia salvar a professora Sarah, mas, quando acordava, lembrava que não havia conseguido.

Minhas irmãs e eu tínhamos muitos medos parecidos, e eles duraram muito tempo. Tínhamos pavor de macacos. Para nós, eles não eram animais bonitinhos ou fofinhos, como George, o Curioso. Na África eles roubavam mangas e bananas das árvores. Nós precisávamos dessas frutas, especialmente quando ficávamos sem nenhum outro alimento. Os macacos tentavam roubar até mingau, mandioca ou arroz de nossos pratos. Como os esquilos de nosso jardim da frente pareciam macacos, nós também tínhamos medo deles.

Os cães também nos apavoravam. O cão de nossa família, Alaska, havia morrido de velhice logo depois que chegamos aos Estados Unidos, de modo que não o conhecemos direito. Quando mama nos levava ao shopping, íamos ao pet shop para nos acostumarmos com animais pequenos. Enquanto os filhotes estavam em suas gaiolas, nós adorávamos vê-los.

Certo dia de verão, Adam nos levou ao shopping. Como de costume, imploramos para ir ao pet shop. Estávamos olhando um filhote de cachorro fofinho, malhado, com orelhas de abano, quando, sem aviso prévio, o vendedor o tirou da gaiola para que pudéssemos acariciá-lo.

Estávamos de sandália, e o cachorro começou a mordiscar nossos pés. Mia e eu entramos em pânico. Saímos correndo e gritando pelo shopping com nosso irmão nos perseguindo.

"Parem! Parem! Voltem aqui!", gritava Adam, mas nós continuamos, com medo de que o filhote ainda estivesse nos perseguindo.

Quando por fim voltamos, vimos a polícia prendendo Adam.

"O-oh! Adam está sendo preso", disse Mia.

"O que aconteceu?", perguntei.

"Não sei, mas é melhor voltarmos para salvá-lo", aconselhou ela.

Um dos policiais veio até nós.

"Tudo bem com vocês?", perguntou ele.

Não íamos falar com um homem estranho. Lembro que fiquei parada ali, tremendo, até que uma policial se aproximou e fez a mesma pergunta. Eu me senti mais confortável respondendo a ela quando perguntou:

"Onde está sua mãe?"

"Em casa", respondi.

"Vocês estão aqui sozinhas?", perguntou ela.

"Não, estamos com nosso irmão mais velho", respondeu Mia.

"E onde ele está?", perguntou a policial.

Apontei para Adam.

"Ali."

"Mas o cachorro mordeu nossos pés, por isso fugimos", explicou Mia.

"Fugiram do seu irmão?", perguntou a policial.

"Não, do cachorro", disse eu.

A policial nos levou até Adam.

"Você conhece este homem?", perguntou ela.

"Claro", respondi. "É Adam, nosso irmão mais velho."

Mia passou os braços ao redor de Adam e pediu que nos levasse à praça de alimentação; mas ele nos levou direto para casa. Quando chegamos, ele disse a nossa mãe:

"Nunca, jamais sairei com elas de novo."

Ele acabou saindo conosco, mas primeiro tivemos que prometer nunca mais fugir novamente.

*

Nós ainda estávamos aprendendo inglês e não tínhamos um vocabulário vasto, por isso era difícil explicar para nossa família por que tínhamos tanto medo de cães. Um dia, enquanto eu observava meu pai se barbear, descobri como falar. O rosto de meu pai estava cheio de espuma branca, e eu disse:

"Você parece o cachorro louco que apareceu em nosso orfanato um dia."

Papa não entendeu, por isso peguei a lata de creme de barbear e esguichei um pouco em meu queixo. Então, caí de quatro, rosnando e mostrando os dentes, mostrando a ele o que havia acontecido quando um cão rosnara para um grupo de meninas que jogava futebol no pátio do orfanato.

"Raiva!", exclamou papa. "Não admira que as meninas tenham tanto medo de cães."

Fogos de artifício também nos assustavam. Em nosso primeiro Quatro de Julho nos Estados Unidos, nossos pais nos levaram para ver os fogos. Não sabíamos o que eram fogos de artifício, de modo que mama os desenhou e polvilhou brilho neles.

Mia e eu levamos nossos desenhos para o campo, onde íamos ver os fogos. Quando escureceu, papa apontou para o céu. Olhei para cima, esperando ver glitter. Que choque foi ouvir uma explosão e ver os fogos de verdade!

"Bombas! Bombas!", gritamos Mia e eu.

Achei que a guerra havia nos seguido até os Estados Unidos.

Com o tempo, deixei de ter medo de esquilos, cachorros e fogos de artifício, mas ainda tinha medo de seres humanos. Nada me aterrorizava tanto quanto os *debils*, que deixavam corpos mutilados nos acostamentos das estradas de meu país. Naqueles primeiros dias de vida nos Estados Unidos, eu via *debils* em todos os lugares, especialmente nas janelas à noite.

"*Debils! Debils!*", gritamos nas primeiras noites em nossa nova casa quando vimos nossos próprios reflexos, ou de nossos familiares, nas janelas do quarto.

Logo aprendi que não havia *debils* do lado de fora de nossas janelas do quarto do segundo andar. Mas até hoje não gosto de janelas descobertas durante a noite. Ainda sinto necessidade de fechar as cortinas quando escurece.

Mia, Mariel e eu também odiávamos roupas de camuflagem. Tínhamos certeza de que todo homem que usasse roupas camufladas era um *debil*. Certa vez, ficamos tão aterrorizadas com um grupo de soldados da cidade vizinha Fort Dix que saímos correndo pelo estacionamento e na rodovia. Os soldados foram atrás de nós e nos pegaram. Achei que fossem nos matar, mas, em vez disso, eles nos levaram para nossa mãe.

Outra vez nosso medo de camuflagem estragou o que poderia ter sido o final perfeito de um dia de balé. Nossos pais haviam nos levado para ver o New York City Ballet. Após o espetáculo, demoramos muito para chegar à chapelaria, que tinha fechado. Albert Evans, um dos astros da companhia, foi nos socorrer. Ele nos levou pelo edifício à procura de nossos casacos. No elevador, tentou puxar conversa, mas estávamos com muito medo dele. Embora eu desejasse falar com um bailarino famoso, não me atrevi. Ele estava usando uma parca azul camuflada, de modo que eu tinha certeza de que ele era um *debil*, além de bailarino. Fiquei chocada ao pensar que uma pessoa que dançava balé também podia me matar.

Naquele tempo eu também tinha medo de vozes masculinas fortes. Os *debils* falavam alto, gritavam de raiva ou riam, satisfeitos. Muitas vezes Mia, Mariel e eu corríamos para casa e dizíamos a nossos pais que havia um africano lá fora. Não importava de que cor fosse: um homem que gritasse era um *debil*.

A torcida dos pais nas competições de natação me aterrorizava. Professores, instrutores de balé, homens na rua... fossem caucasianos, africanos, asiáticos, nativos americanos ou hispânicos, não importava. Se eu ouvisse homens gritando, me lembrava das vozes assustadoras dos violentos *debils* em minha Serra Leoa.

— *Capítulo 18* —
Intolerância e inveja

No início, eu achava que nada poderia ser mais maravilhoso que minha vida nos Estados Unidos. Minha família me amava, minhas irmãs e eu nos dávamos bem. Eu tinha amigos. Eu me divertia muito dançando, brincando e nadando. Achava que tudo e todos no meu novo e maravilhoso país fossem perfeitos. Embora meus pais e irmãos fossem brancos e eu e minhas irmãs negras, não nos preocupávamos com a cor da pele. Nunca me ocorreu que devia ser diferente, e nunca suspeitei que alguém se importaria. Eu não sabia nada sobre intolerância racial na época, mas logo aprendi. Fiquei muito triste quando a vivi em meu bairro, em restaurantes e em lojas. Mas me senti pior quando a descobri no mundo do balé.

Minha primeira experiência com a intolerância ocorreu em meu próprio quintal. Mia e eu estávamos usando vestidos de segunda mão, brincando de fazer chá no gramado com nossas bonecas, quando um vizinho se aproximou:

"Meninas, peguem suas coisas e vão para fora da vista da *minha propriedade*. Estou tentando vender a casa. Uma pessoa está vindo vê-la, e não quero que veja vocês duas."

Na época, eu não entendia que havia preconceito racial nos Estados Unidos, de modo que não sabia bem por que o vizinho não queria ninguém nos vendo.

Somos feias? Somos más? Nossa roupa está suja? Estamos fazendo muito barulho? Mia e eu nos fazíamos essas perguntas e muitas mais.

Não muito tempo depois de o vizinho nos pedir para sair de nosso gramado, tivemos outra experiência quase igual. Estávamos no shopping, e Mia e eu corremos à frente de nossa mãe. Duas mulheres brancas passaram por nós e disseram:

"Olhe para elas, correndo soltas pelo shopping como dois animais selvagens."

Mia, Mariel e eu ouvíamos muitos comentários como esse quando éramos pequenas, e eles feriam nossos sentimentos, porque nós os levávamos a sério.

Então, certa tarde, nossos pais pararam na loja de vídeos e comprei um filme da Disney, *A história de Ruby Bridges*. Nele, uma garotinha de 6 anos liderou uma cruzada para integrar as escolas em Nova Orleans. Nós assistimos e ficamos impressionados com a intolerância.

Conversamos sobre o filme com nossos pais depois, e isso me ajudou a entender que a discriminação que havíamos sofrido não tinha nada a ver com estarmos feias ou bonitas, com o barulho que fazíamos ou com manchas em nossas roupas. Mesmo que fôssemos as crianças mais perfeitas do bairro, algumas pessoas ainda nos odiariam pela cor de nossa pele.

A história de Ruby Bridges nos preparou para um futuro imperfeito. Agora entendíamos por que balconistas de lojas nos seguiam de perto enquanto comprávamos roupas. Sabíamos por que às vezes tiravam as roupas de nossas mãos sempre que as tocávamos. Certa vez, quando estávamos comprando jeans, uma balconista branca nos disse para ir comprar em outro lugar. Graças a Ruby Bridges, não ficamos chocadas com o comportamento dela.

Isso não quer dizer que todos os nossos encontros com pessoas brancas eram contaminados pelo preconceito. O filme nos ensinou que havia muitos brancos como nossos pais, que não eram cheios de ódio.

Quando o pai de Ruby Bridges perdeu o emprego, um vizinho branco lhe ofereceu outro. A professora que se ofereceu para ensinar Ruby Bridges era branca. Algumas pessoas brancas do bairro dela até seguiam atrás do carro do policial federal quando Ruby ia para a escola.

Apesar de entender a razão por que isso acontece, ainda me sinto desconfortável em lojas e restaurantes quando as pessoas olham para nossa família. Estávamos com nossos pais havia mais ou menos um mês quando comecei a esquecer que eles tinham uma cor diferente da minha. Quando olhava para eles, eu só via mama e papa. No entanto, quando outras pessoas olhavam para nós, eu me lembrava de que éramos diferentes. Eu ficava incomodada na época e me incomodo ainda mais agora quando as pessoas me fazem sentir assim.

Hoje quase posso ver os pensamentos na cabeça das pessoas tentando entender por que dois idosos brancos estão com um grupo de adolescentes negros. Recentemente, quando Mia e eu fomos fazer compras com mama, eu estava com meu braço sobre seus ombros enquanto ela abria a bolsa para dar seu cartão de crédito a Mia. Um homem branco se aproximou e disse:

"Senhora, está tudo bem?"

Não eram só os brancos que olhavam para nós; os negros olhavam também. Não eram só os brancos que nos mostravam como eram racistas. Os negros sempre faziam isso também.

Mulheres negras às vezes se aproximavam de minha mãe e lhe diziam que ela não estava nos criando direito, porque não tínhamos trancinhas rastafári ou riscas definidas no cabelo. Às vezes criticavam nossos pais porque nossa pele estava cinza de tanto nadarmos em piscina com cloro. Certa vez, uma mulher perguntou a minha mãe:

"Que assistente social maluca deixou essas meninas com você?"

Papa achava engraçado que a maioria de nossas experiências com o racismo acontecesse no estacionamento do supermercado, e geralmente envolvendo mulheres. Ele fazia piadinhas sobre isso. Antes que saíssemos do carro no estacionamento, ele nos perguntava:

"Passaram creme nos braços e pernas? Prenderam o cabelo? Não queremos que a polícia do cabelo frisado e da pele cinza venha atrás de nós."

Nós ríamos, achávamos nosso pai muito engraçado; mas também sabíamos o que nos esperava se não estivéssemos perfeitamente arrumadas. Por isso, usávamos o creme e os prendedores de cabelo que mama sempre deixava no carro.

Apesar das brincadeiras, mama e papa levavam o racismo a sério. Eles nos alertaram de que seríamos julgadas com mais rigor que as meninas brancas em tudo que fizéssemos; todos os nossos fracassos seriam atribuídos à raça. Nós acreditávamos neles, por isso nos esforçávamos.

À medida que fomos crescendo, minhas irmãs e eu começamos a notar os relatos de racismo nos jornais, e isso definitivamente mudou a maneira como vivemos. Quando eu morava em Vermont, havia tantas matérias sobre o perfil dos motoristas negros que eu tinha medo de tirar minha habilitação. Além disso, nos supermercados de Vermont, quando minha mãe usava o cartão de crédito, os caixas nunca pediam documentos quando ela estava sozinha ou com meu pai. Mas, quando estava comigo ou com uma de minhas irmãs, sempre pediam a identidade.

Quando morávamos em Nova York, líamos matérias sobre discriminação racial em lojas de luxo, inclusive de buscas e revistas em clientes negros. Por isso, sempre tomo muito cuidado com meus movimentos nessas lojas.

Notei um tipo único de desconfiança racial na cidade. Minha mãe e eu parecemos conhecer Manhattan, porque as pessoas sempre nos param para pedir informações.

Mesmo estando de braços dados, quando uma pessoa branca precisa de informações, sempre pergunta à minha mãe. Se for um negro, pergunta para mim.

Quando estou com papa ou mama, que agora são cidadãos idosos, sempre pensam que sou cuidadora deles. Quando uso a lavanderia em nosso edifício, as babás falam comigo, mas nunca com meus pais. A mesma coisa acontece com os moradores brancos do edifício, só que ao contrário. Eles falam com meus pais, mas não comigo.

Às vezes, um incidente de intolerância racial pode até ser engraçado. Minhas experiências mais engraçadas foram resultado de estereótipos. Muitas vezes, ao saber que sou bailarina, as pessoas me perguntam:

"Que tipo de dança? Hip hop?"

Minhas amigas bailarinas se divertem com isso. Nós somos todas parecidas: magras, pernas compridas, coques e, por causa da rotação dos quadris, nossos pés apontam para fora. Por que as pessoas presumem que elas são bailarinas enquanto eu seria uma dançarina de hip hop?

Agora que estou mais velha, aprendi a separar meus sentimentos pessoais da intolerância. Consigo me afastar e vê-la como é: uma combinação de medo e ignorância. A menos que eu esteja em perigo físico ou que meus direitos civis sejam violados, eu ignoro. Digo a mim mesma que não vale a pena me exaltar. No entanto, existe uma forma de discriminação racial que sou incapaz de ignorar: o preconceito no mundo do balé.

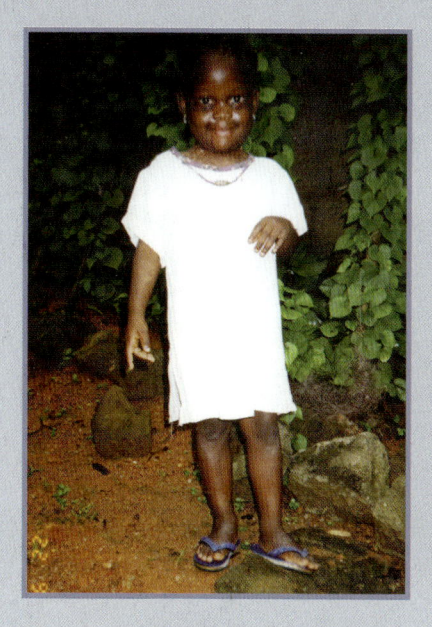

Apesar de ter o rosto e a barriga inchados por conta da desnutrição aos 3 anos e meio, eu estava feliz e orgulhosa porque uma visitante americana havia acabado de pintar minhas unhas.

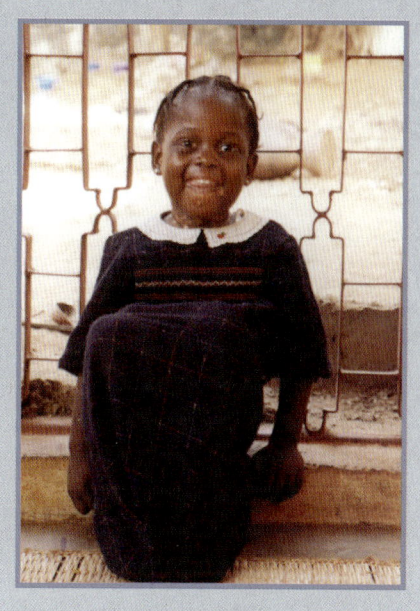

Este vestido doado era de segunda mão, mas, naquela época, era a roupa mais linda que eu já havia visto. A esteira abaixo dos meus pés era a cama que eu dividia com Mia.

As crianças do orfanato no abrigo na Guiné (estou no canto esquerdo, na frente de Mia).

Depois de escapar de Serra Leoa, chegamos a um campo de refugiados da ONU na Guiné antes de irmos para o abrigo.

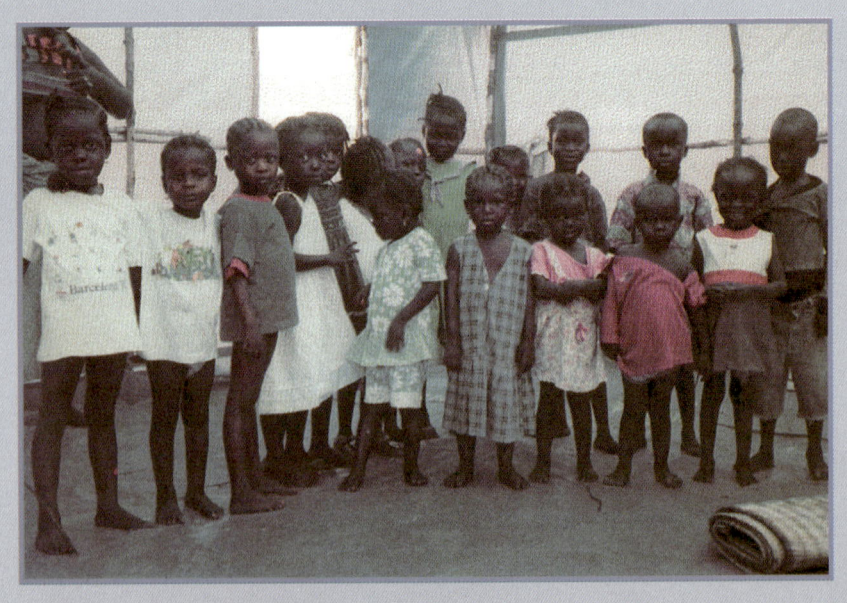

Dentro da barraca de plástico no campo de refugiados (estou no canto esquerdo). Chegamos todos famintos e com catapora.

Aqui estávamos empilhados dentro do carro que nos levou do campo de refugiados da ONU para o abrigo na Guiné.

Mariel, Mia e eu (da esquerda para a direita), com outra criança, esperando pacientemente pelos nossos vistos após chegarmos em Gana.

Papa e eu em meu primeiro passeio de carrossel no litoral de Jersey.

Teddy nos levou para pedir doces com fantasias de anjo que mama fez para nós no nosso primeiro Halloween.

Mia e eu — usando os vestidos com desenhos de peru que mama fez para nós — com papa em nosso primeiro Dia de Ação de Graças.

Mama e eu no bonde, subindo o monte Killington, em Vermont.

Mia dividiu seu quinto aniversário comigo, porque eu nunca tivera um bolo de aniversário antes. Ela até me deixou soprar as velas.

Mia era boazinha o suficiente para sempre interpretar o papel do menino quando apresentávamos nossa versão da cena da festa de *O quebra-nozes*.

Mama lendo para nós antes de dormir, como fazia todas as noites.

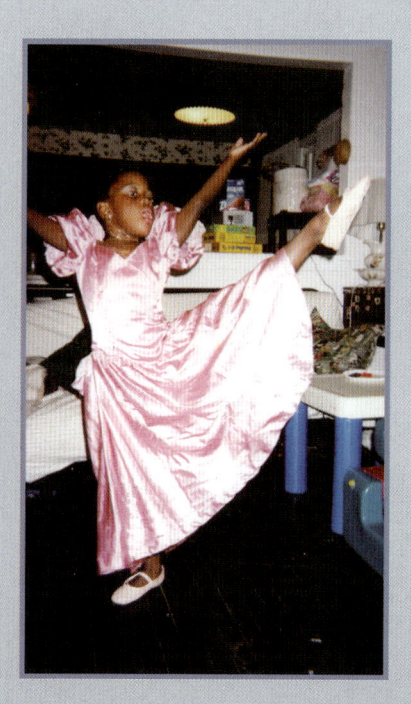

Aos 5 anos, eu gostava de usar vestidos de segunda mão
e fingir que estava dançando balé.

Que dia feliz! Mia e eu beijando papa no dia em que nossa adoção foi oficializada.

Mia e eu, aos 7 anos, com Mariel e mama indo assistir
ao New York City Ballet.

Mia, Mariel e eu coreografamos uma dança para apresentar aos nossos pais.

Mia, eu e Mariel (da esquerda para a direita) usando as rosetas azuis que ganhamos na natação.

Mama e eu em Los Angeles para minha participação no programa *Dancing with the Stars*.

Durante esta sessão de fotos em Joanesburgo, África do Sul, quando dancei para o Joburg Ballet, fiquei com medo de que os pombos não tivessem respeito pelo belo figurino. Felizmente, eles o deixaram em paz!

— *Capítulo 19* —
ONDE ESTÃO AS BAILARINAS NEGRAS?

Reconheci que existe desigualdade racial no balé quando tinha apenas 4 anos, depois de ver o primeiro vídeo de *O quebra-nozes*. Eu não saberia expressá-lo em linguagem complicada naquela época; não conhecia as palavras *intolerância*, *preconceito* ou *discriminação*. Eu só pude perguntar:

"Mama, onde estão as bailarinas negras?"

Quando meus pais me levaram para ver *O quebra-nozes* do Pennsylvania Ballet, fiquei feliz de ver não uma, mas duas bailarinas negras naquele dia: Nikkia Parish e Heidi Cruz.

Vi Meredith Rainey, um bailarino negro, e depois acabaria descobrindo que eles não são tão raros.

Quando eu tinha 8 anos, Mia, Mariel e eu fomos com meus pais ver espetáculos em Nova York e na Filadélfia. Eu já havia visto apresentações da Philadanco, do Pennsylvania Ballet, do American Ballet Theatre e do Alvin Ailey American Dance Theater. Naquela época, eu já fazia aulas de dança havia três anos e compreendia as diferenças entre os estilos.

Comecei a encher meus pais de perguntas que eles não sabiam responder:

"Por que há muitos dançarinos negros nas companhias contemporâneas, mas não nas clássicas e neoclássicas, que contam as histórias que eu tanto amo?"

Minha mãe prometeu me levar para ver uma companhia neoclássica que tinha muitas bailarinas negras.

"É o Dance Theatre of Harlem, e apresenta o tipo de história que você ama", disse ela.

Lembro-me de me inclinar sobre seu ombro, emocionada, quando estávamos na fila para comprar os ingressos. E da decepção que senti quando minha mãe disse:

"Oh, não! Está fechado! Veja, aqui diz que o Dance Theatre of Harlem não está mais se apresentando por falta de dinheiro."

Senti um nó na garganta.

"Mama, onde uma bailarina negra pode dançar balé clássico?", perguntei.

Minha mãe não tinha resposta para a pergunta.

Havia muitas crianças negras, meninas e meninos, que frequentavam a Rock School comigo, na Filadélfia, e logo comecei a me perguntar o que aconteceria quando crescêssemos, já que quase não havia dançarinos negros em companhias de balé. Decidi que tinha que haver companhias clássicas com bailarinas negras, além das contemporâneas. Encontrei uma lista de companhias de balé em uma revista de dança e comecei a pesquisar. Eu estava determinada a encontrar essas bailarinas negras.

Uma amiga de minha mãe uma vez me disse que, para entrar nas melhores irmandades negras na faculdade, era preciso ter uma pele mais clara que os sacos de papel marrons dos supermercados; e ela não havia passado no "teste do saco de papel". Eu pensei muito nisso; dia após dia, olhei dezenas de fotos nos sites das companhias na esperança de encontrar um rosto negro sorrindo. Achei alguns dançarinos negros, mas raramente encontrava uma bailarina negra, e as que encontrei eram claras o suficiente para passar no teste do saco de papel.

Comecei a questionar se minha cor de pele me impediria de ser bailarina. Minhas dúvidas cresceram quando ouvi o que as pessoas diziam sobre bailarinas negras. Naquele ano, em *O quebra-nozes*, dancei o papel de um Polichinelo, uma das bonecas que saem de baixo da saia da mãe de Ginger. Durante o ensaio, uma das mães que nos acompanhava disse:

"Meninas negras não deviam dançar balé. Elas são muito atléticas. Deviam deixar o clássico para as brancas. Deviam ficar com o balé moderno ou o jazz. Esse é o lugar delas."

Minha irmã mais nova disse que uma vez ouviu um professor reclamando que meninas negras não conseguem fazer ponta de bailarina.

Certa vez, alguém do mundo do balé cuja opinião significava muito para mim disse para minha mãe:

"Não gosto de perder tempo, dinheiro e esforço com meninas negras. Quando atingem a puberdade, eles desenvolvem coxas e bumbuns e não podem mais dançar."

Eu não devia estar ouvindo atrás da porta, por isso não podia falar e contestar a pessoa. Minha mãe, porém, falou, e me fez sentir um pouco melhor. No entanto, essas palavras ainda me aterrorizavam, a ponto de eu me preocupar sem parar com o dia fatídico em que atingiria a puberdade e meu bumbum e minhas coxas cresceriam.

Eu estava na plateia assistindo a uma apresentação de *Raymonda Variations* quando ouvi uma mulher criticar uma jovem negra:

"Ela nunca vai ser a bailarina principal; não é suficientemente delicada. As negras são muito atléticas para o balé clássico. São musculosas demais. É por isso que há tão poucas nas companhias."

Contraí o bíceps e passei a mão direita pelo meu braço esquerdo. Apertei-o rapidamente, me perguntando se meus músculos eram grandes demais.

A Srta. Stephanie, codiretora da Rock School, me fez sentir melhor na semana seguinte, quando disse:

"Se você continuar se esforçando, não vejo nenhuma razão para que não se torne uma bailarina clássica."

Pensei nisso quando a mãe de uma colega da escola de dança comentou:

"Michaela tem muita força. Ela é bruta. Os bailarinos negros sempre têm esse tipo de corpo."

Chorei durante todo o caminho para casa naquela noite, inicialmente me recusando a contar à minha mãe o que estava me incomodando. Por fim, deixei escapar:

"Eu sou bruta?"

Minha mãe me explicou que os comentários que eu ouvia eram baseados na inveja, bem como na intolerância racial.

"Você precisa ignorá-los", disse ela.

"Mas não consigo!" Eu soluçava enquanto lutava para recuperar o fôlego. "Estou preocupada. Acho que nunca vou ser bailarina."

As palavras de minha mãe não podiam me confortar porque eu era sua filha, e sabia que ela ia me achar perfeita e bonita, mesmo se eu fosse feia, atlética demais e bruta. Portanto, ela não poderia me fazer acreditar que os comentários eram por causa do preconceito e da inveja de outras pessoas, e que definitivamente não eram verdadeiros. Foi uma bailarina profissional que me convenceu disso.

Certo dia, eu estava do lado de fora da sala de aula, chorando baixinho, sem querer que as pessoas notassem. Na semana anterior, havíamos passado por uma audição para o programa de balé intensivo de verão, e eu havia pulado um nível. Um grupo de mães foi à diretoria reclamar da minha colocação. Antes da aula, elas ficaram cochichando e apontando para mim no saguão. Agora eu tinha que enfrentar suas filhas, e estava com medo de ir para a aula.

Meu choro não foi tão discreto quanto eu esperava. Eu estava sozinha no corredor, mas Heidi Cruz passou nesse instante. Ela me viu chorando e parou. Eu não fazia ideia se ela sabia quem eu era, mas ela me fez explicar por que eu estava tão triste.

"Michaela, você é uma jovem muito talentosa e vai encontrar muitas pessoas invejosas. Não deixe que elas a desanimem. Basta manter a cabeça erguida. Olhe para a frente e as ignore, senão elas vão destruir você. Acredite, eu sei. A mesma coisa aconteceu comigo quando eu tinha a sua idade", disse ela.

Nunca havia me ocorrido que eu não era a primeira bailarina a sofrer dessa maneira, e serei sempre grata a Heidi por ter me ajudado naquele dia. Saber que ela havia passado pela mesma coisa me deu coragem. Segui seu conselho e fiquei feliz por isso, porque, conforme fui crescendo, a vida foi ficando mais difícil e mais complicada. Eu não preciso que algo tão trivial quanto a inveja me derrube.

A inveja é um fator importante no mundo do balé. Milhões de meninas fazem aulas, e existem poucos empregos disponíveis nas companhias. A concorrência é real, e começa quando as garotas são muito novas. Tive que aprender a lidar com isso, senão ficaria arrasada e isso me impediria de alcançar meus objetivos.

Mas não foi de imediato. Levei muito tempo para aprender a ignorar a inveja e a intolerância que havia entrado em minha vida. Nessa idade, eu estava muito confusa com o fato de que as mães se metiam na vida das filhas. Já era difícil o suficiente lidar com a inveja das outras crianças sem que os pais se envolvessem também.

Eram os pais que muitas vezes começavam os piores rumores. Houve um boato que se espalhou como fogo: minha mãe teria diminuído três anos da minha idade para que todos pensassem que eu era muito talentosa. Este me perturbava mais que qualquer outro, e eu respondi do meu jeito habitual, engolindo e ignorando; até que explodi em lágrimas a caminho de casa.

"Por que os pais têm inveja de mim? Não faz sentido!", eu chorava tentando entender.

Minha mãe me explicou que alguns pais tentam viver por meio das experiências de seus filhos.

"Se a mãe quis ser bailarina e não pôde, ela às vezes tenta viver sua própria vida na vida da filha. Isso a faz sentir inveja quando percebe que você é melhor dançarina que a filha dela."

"Vai ser sempre assim?", perguntei, enquanto tentava enxugar as lágrimas com um lenço de papel rasgado.

Ela me disse que nada dura para sempre.

"Chegará o dia em que essas meninas não farão mais parte de sua vida, e você não vai mais se preocupar com o que disserem."

— *Capítulo 20* —
DANÇANDO *O QUEBRA-NOZES*

Meus pais nos explicaram que, quando os *debils* atacaram a aldeia da família de Mariel, mataram o pai dela e atiraram na perna da mãe, que estava grávida. Por isso, Mariel nasceu antes da hora. Seu nascimento precoce, além da intoxicação por chumbo, a malária e a desnutrição que todas nós havíamos sofrido no orfanato haviam-na afetado, e ela apresentava dificuldade de aprendizado.

Eu me apaixonei pelas aulas desde o momento em que entrei na Rock School. Mia via o quanto eu gostava, e acabou pedindo para mudar para a Rock School também. Mariel não se interessava pelo balé, mas, logo depois que meus pais a adotaram, insistiu em fazer também, porque não queria ficar esperando enquanto Mia e eu estávamos em aula. Então, quando voltei para a Rock School, aos 7 anos, Mia e Mariel foram junto.

Quando entrei no Nível 2 — minha primeira aula de ponta —, Mia entrou no Nível 1X, um antes do meu, e Mariel entrou no Nível 1. Logo percebi que Mia e eu estávamos progredindo, mas Mariel adormecia na barra e parecia não conseguir aprender os passos básicos e as combinações que ensinavam em seu nível.

Mariel não era lenta só no balé. Apesar de ser apenas quatro meses mais nova do que eu e oito meses mais nova do que Mia, ficava para trás em quase tudo. Quando éramos pequenas, no orfanato, Mia e eu não notávamos muito isso, mas, agora que estávamos mais velhas, era evidente para nós.

Apesar de o balé ser difícil para Mariel, e não muito divertido, ela ficou porque queria dançar *O quebra-nozes* com o Pennsylvania Ballet. Era preciso ter 8 anos para participar de *O quebra-nozes*, de modo que, em meu primeiro ano de volta à Rock School, Mariel e eu, que tínhamos 7, não pudemos nos inscrever na audição.

Enquanto eu esperava no saguão da escola, olhava com inveja enquanto Mia e todos os meus colegas subiam para o estúdio para participar da audição. Nesse ano, só de observar aprendi uma lição ao ver que algumas crianças desciam sorrindo e outras chorando. Foi uma lição que nunca esqueci: nem sempre conseguimos o papel que queremos.

Naquele tempo, não havia muitos meninos que faziam balé, portanto algumas meninas haviam sido escaladas como Meninos da Festa. Essas eram as que choravam. Parecia que ninguém queria ser um menino.

Senti um nó no estômago enquanto esperava Mia descer. Ela era muito alta para ter 8 anos, e seu cabelo era curto, e, mesmo tendo inveja por Mia ser mais velha do que eu, ainda queria o melhor para ela. Então, fiquei aflita o tempo todo, com medo de que ela não fosse escalada para o invejado papel de Menina da Festa.

Quando Mia apareceu no saguão, estava sorrindo de orelha a orelha. Corri até ela e, sem fôlego de tanta empolgação, perguntei:

"O que você conseguiu?"

Os olhos violeta acastanhados de Mia brilharam de alegria quando ela exclamou:

"Sou um Menino da Festa e um Rato!"

E assim, com minha irmã, aprendi a segunda metade daquela lição: se você não quiser o papel que ganhou, sempre haverá outra dançarina que vai querer.

Mia adorou dançar *O quebra-nozes* aquele ano. Nossos pais levaram Mariel e eu para assistir ao espetáculo várias vezes, e eu sempre sentia a mesma animação e ansiava por minha vez. Mas eu tinha muitos meses de trabalho duro pela frente antes da próxima audição para *O quebra-nozes*, e logo as férias acabaram e voltamos ao estúdio.

A Rock School é conhecida por ter um programa definido. Isso significa que há uma lista de passos e combinações que o aluno tem que aprender para passar para o próximo nível. Por exemplo, no Nível 1, ele tem que fazer uma combinação de passos: *tendu*, lateral, *relevé*, *demi-plié* e volta à primeira. No Nível 3X tem que fazer uma combinação tipo *fondu* frente *en relevé*, fecha; *fondu* atrás, perna de dentro *en relevé*, fecha; *fondu*, perna de fora para segunda *en relevé*, depois *plié* com a perna de apoio enquanto a outra fica a 45 graus, depois *passé*. E repetir no sentido inverso.

Os alunos não passam de um nível para outro se não estiverem prontos. Cada um tem força muscular, coordenação e habilidades básicas diferentes, por isso algumas crianças passam um ano em um nível e outras ficam dois ou três anos antes de progredir.

No fim daquele ano, Mia e eu dançamos no intensivo de verão da Rock School, que era um programa que durava o dia todo, e depois corríamos para casa para o treino na equipe de natação. A natação havia se tornado quase — mas não completamente — tão importante para mim quanto o balé.

No outono, Mia e eu soubemos que havíamos passado para o próximo nível, mas Mariel não. Ela permaneceu no Nível 1 e ficou muito decepcionada, porque suas melhores amigas haviam passado para o nível 1X sem ela.

No caminho de casa, depois da aula, Mia e eu não podíamos conter nosso entusiasmo por termos passado; até que ouvimos Mariel fungando.

"Mariel, você quer ser bailarina quando crescer?", perguntei. "Se quiser, eu ensino você em casa."

"É claro que não quero!", respondeu ela, fazendo biquinho. "Quero ser babá."

"Por que você faz aula de balé, então?", perguntei.

"Porque quero dançar *O quebra-nozes*", respondeu ela.

"Bom, você já tem 8 anos. Pode participar de *O quebra-nozes*. As crianças do Nível 1 são os Anjos."

"Ufa, que alívio!", admitiu Mariel. "Eu não queria ir para o Nível 1X, porque balé é muito difícil para mim. Prefiro tocar bateria."

No dia dos testes para O *quebra-nozes*, eu sabia que os dias de Mariel como bailarina estavam contados. Eu só rezava para que ela fosse escolhida para ser um Anjo. Queria que ela tivesse a emocionante experiência de atuar em O *quebra-nozes* pelo menos uma vez. Depois da audição, Mariel voltou brilhando como uma estrela no topo da árvore de Natal. Ela havia sido escalada para ser um Anjo.

Mia havia crescido como um girassol durante o ano anterior, e sabia que era alta demais para ser uma criança na cena da festa. Ela temia também ser alta demais para o papel de um Polichinelo — Polly, como os chamávamos — que pula para fora do vestido da mãe de Ginger, e também era muito nova para fazer um dos Pirulitos.

"Você acha que sou muito alta para ser um Polly?", ela me perguntava todas as noites antes de adormecer.

Eu respondia:

"Não. Eu acho que você vai ser um Polly."

Então eu adormecia, na esperança de não estar errada e Mia não se decepcionar.

Felizmente, Mia foi escalada para ser um menino Polly e um Rato. Eu fui escalada para ser uma menina Polly e uma Menina da Festa no Elenco A. Eu dançaria cerca de quarenta vezes, metade delas com Mia.

Lembro como fiquei nervosa e animada por ter o meu primeiro papel em um balé profissional. Não consegui nem dormir na noite anterior à estreia, e senti frio na barriga antes de pisar no palco. Mas, quando a orquestra começou a tocar, de repente fiquei calma. Eu não era mais Michaela; era uma menina diferente, uma das várias amigas de Marie que estão na festa de sua família na Inglaterra vitoriana.

Naquelas férias, nossa vida girou em torno de *O quebra-nozes*. Ouvimos a música todos os dias no ensaio e depois nas apresentações. Como se não fosse Tchaikovsky o suficiente por uma temporada, Mia aprendeu sozinha a tocar a suíte "O quebra-nozes" no piano de casa, e a tocava sem parar. Mama fez biscoitos temáticos que encheram a casa com aromas deliciosos. A partir daquele ano, o som da introdução de *O quebra-nozes* passou a me encher de emoção e de sentimentos agradáveis.

Mariel dançou *O quebra-nozes* naquele ano pela primeira e última vez. Foi perfeita, apesar de que, um dia, ela teve febre pouco antes da apresentação e vomitou por todo o palco enquanto dançava. Ela foi tão profissional que ninguém percebeu. Mas, quando os bailarinos nos papéis de Chocolate da Espanha entraram depois dos Anjos, um deles escorregou no palco e torceu o nariz com nojo, por causa do cheiro.

No fim da temporada, Mariel disse:

"Acho que vou parar com o balé. Dançar em *O quebra-nozes* foi muito mais difícil do que pensei que seria."

— *Capítulo 21* —
CEGA DE UM OLHO

Em janeiro de 2004, somente Mia e eu voltamos para a Rock School. Na temporada seguinte de *O quebra-nozes,* eu já havia pulado um nível. Eu tinha 9 anos e estava no Nível 3X. Mia havia acabado de completar 10 anos em setembro e estava no Nível 3. Apesar de termos apenas quatro meses de diferença, eu parecia uma menininha e Mia já era uma adolescente. Durante a guerra em Serra Leoa, Mia fora atingida na cabeça e ficara inconsciente. Ela não tinha nenhuma lembrança da lesão, mas fora tão grave que causara danos em sua glândula pituitária e fizera seu corpo crescer e amadurecer muito cedo.

Ela sabia que era muito alta para dançar o papel de Polly.

A audição para *O quebra-nozes* foi particularmente estressante naquele ano. Haviam falado de eu ser escalada como Marie, e eu estava especialmente ansiosa. Na audição, soube que não seria Marie. *Não chore na frente de todos, Michaela*, disse a mim mesma enquanto lutava para conter as lágrimas. Pedi permissão para ir ao banheiro, e lá deixei fluir as lágrimas e as enxuguei rapidamente para poder voltar à audição.

Quando abri a porta para sair do banheiro, dois adultos estavam passando. Rapidamente a fechei de novo quando ouvi um deles dizer:

"Por que não Michaela DePrince? Ela é perfeita para Marie."

Abri a porta poucos centímetros, bem a tempo de ouvir a outra pessoa dizer:

"Porque esta cidade não está pronta para uma Marie negra."

Fiquei paralisada na porta, imaginando se a cidade ou o mundo um dia estariam prontos para uma Marie negra, ou uma Fada Açucarada negra.

Apesar da decepção, fiquei animada quando Mia e eu fomos escaladas como Pirulitos. Mas, depois de selecionar a maioria dos Pollys, o diretor de elenco percebeu que nenhum deles tinha experiência com esse papel. Sem pelo menos um Polly experiente para liderar, a dança podia ser um desastre.

O diretor olhou para os Pirulitos. Eu era a mais nova e a menor, de modo que ele me chamou de lado.

"Michaela, odeio fazer isso com você, mas preciso desesperadamente que oriente os Pollys. Você se importaria de ser Polichinelo mais um ano? Vou compensá-la no ano que vem."

"De modo algum. Vou fazer o papel que precisar que eu faça", respondi, de cara feia, querendo desabar em lágrimas.

Então, esse ano fui um Polly e um Rato. Lembrei a mim mesma que dançaria por muitos anos, e teria tempo de sobra para escolher um papel. Agora, olhando para trás, fico contente por Mia ter conseguido o papel de Pirulito, porque foi a última vez que ela dançou em uma produção de balé profissional.

Mia passou para o Nível 3X em janeiro de 2005 e odiava ter que fazer aulas seis dias na semana. Seu verdadeiro amor era o piano, e ela achava que não estava treinando o bastante. Eu suspeitava que logo Mia sairia da escola. Durante anos havíamos feito tudo juntas. Eu temia que nossos caminhos estivessem se separando.

Por fim, chegou o dia em que Mia disse:

"Mama, eu gosto de balé, mas não seis vezes por semana. Sinto falta do piano. Quero fazer aulas de piano duas ou três vezes por semana, em vez de uma só vez."

Meu coração quase saiu pela garganta quando Mia disse isso. Esperei que minha mãe respondesse "de jeito nenhum!", mas, em vez disso, perguntou:

"Tem certeza?"

"Não! Ela não tem certeza!", gritei.

"Michaela! O que é que você tem? Mama perguntou para mim, não para você. Não sou sua gêmea idêntica. Para mim, balé é diversão e exercício, até que comece a atrapalhar meu piano. Então, não é mais divertido", explicou Mia.

A seguir, ela se voltou para nossa mãe:

"Estou pensando nisso faz tempo e tenho certeza absoluta."

Meu relacionamento com Mia era diferente da minha relação com Mariel ou Amie, uma adolescente liberiana que minha família adotou quando eu tinha 8 anos. Mia e eu éramos muito mais próximas. Eu achava que faríamos tudo juntas a vida inteira. À noite, quando estávamos deitadas na cama, planejávamos casar com irmãos e comprar casas vizinhas. Nesse momento, eu vi todos esses sonhos desabarem aos meus pés. Senti como se Mia estivesse me abandonando.

"Pelo menos ainda vamos nadar juntas", afirmou Mia.

No verão em que ela saiu do balé, parecia que, sempre que eu não estava dançando, nós duas estávamos juntas na piscina. Quando tínhamos 8 anos, havíamos participado da equipe de revezamento do clube de natação. Junto com mais duas colegas, quebramos um recorde da liga de até 8 anos. Agora, aos 10, Mia, Mariel e eu muitas vezes pegávamos primeiro, segundo e terceiro lugares para nossa categoria no campeonato de verão. Naquele verão, quebrei dois recordes no campeonato individual, um com nado borboleta e outro com nado costas. Meu treinador brincava dizendo que eu era rápida porque nadava com os pés em ponta, como uma bailarina.

Eu nadava sem óculos, mas, no ano antes de quebrar esses recordes, comecei a usá-los, porque estava tendo dificuldade para enxergar o fim de minha raia. Também comecei a esbarrar em outros alunos na aula. Isso acontecia com mais frequência quando eu fazia *piqué* pela sala.

"Michaela, você está fazendo *spotting*?", perguntava meu professor.

Spotting significa fixar sempre um ponto de referência ao rodar. Se não fizer isso, a pessoa fica rodando como um pião cambaleante. Eu havia aprendido a fazer isso quando tinha 5 ou 6 anos, e me senti insultada pelo fato de o professor achar que, aos 9, eu não sabia.

"Sim, estou", respondi.

"Não parece", disse ele. "Você está cambaleando como um marinheiro bêbado pelo salão, desequilibrando seus colegas quando esbarra neles."

Naquela noite, tentei fixar um ponto ao atravessar meu quarto. Deu tudo certo quando virei para a direita, mas não conseguia detectar o ponto quando virava para a esquerda.

"Acho que preciso de óculos", falei para minha mãe. "Meu olho esquerdo está meio embaçado."

Ela marcou uma consulta no oftalmologista para mim.

Enquanto esperava minha vez no consultório, fiquei admirando umas armações de Harry Potter.

"Já vou sair com a receita dos óculos hoje?", perguntei à oculista.

"Depende do exame, mas provavelmente sim."

Entreguei a ela as armações de Harry Potter e ela as guardou. Depois, fui chamada ao consultório. A optometrista passou um bom tempo conversando conosco, perguntando sobre a escola e o balé; mas eu queria que ela se apressasse. Eu estava animada para sair de férias; íamos para a praia no fim da tarde.

A médica examinou meu olho e suspirou. Quase pulei da cadeira. A seguir, ela chamou minha mãe e lhe mostrou meu olho através de uma lupa. Mama suspirou também. E então começou a chorar. Ela sempre foi pragmática em relação a problemas médicos. Então, quando ela chorou, fiquei nervosa.

"Qual é o problema?", perguntei, pensando que a qualquer momento estaria chorando também.

A visão do meu olho esquerdo não estava apenas embaçada; estava quase no fim. Eu tinha um tipo de bolha no olho. A médica achava que eu havia passado herpes do lábio ao globo ocular, mas fazia anos que eu não tinha uma ferida. Depois disso, fui para a sala de emergência sem os óculos legais de Harry Potter.

A médica pediu exames de sangue e, quando os resultados chegaram, tivemos uma grande surpresa. Eu não havia me curado da mononucleose que havia contraído na África quando tinha 4 anos. O exame mostrou que eu ainda tinha uma infecção grave, depois de cinco anos! A oftalmologista nunca havia ouvido falar de um caso assim. Imediatamente, ela me prescreveu um tratamento antiviral. A droga fora concebida para tratar o vírus do herpes, e a médica não sabia ao certo se agiria sobre o vírus Epstein-Barr, que havia causado a mononucleose. Mas a bolha no meu olho sumiu, e eu parei de esbarrar nos meus colegas na aula.

A família toda foi para a praia para as férias de verão. Meu irmão mais velho, Teddy, juntou-se a nós por alguns dias. Eu literalmente gritei de alegria quando ele apareceu. Teddy andava comigo de kart e me deixava guiar. Depois de brincar bastante de kart, minhas irmãs e eu corríamos pela praia vendo Teddy voar de parapente sobre a água.

Naquele outono, depois de um verão glorioso, voltei para minhas aulas na Rock School. Minha vida era ocupada, estudando em casa, fazendo balé e ensaiando para *O quebra-nozes*. Eu não me preocupava muito com meu olho. Na verdade, eu só pensava nele quando tinha que fazer *spotting* e quando minha mãe pingava o remédio à noite. Além disso, algo muito mais dramático aconteceu em minha vida naquele ano... na vida de todos nós. Foi um drama muito mais sério do que meu olho.

— *Capítulo 22* —
PERDA

Teddy era meu herói, e muitas vezes meu companheiro de travessuras da família. Quando Mia e eu éramos bem pequenas, ele tocava canções infantis no piano para nós. Quando levava suas namoradas para casa para que as conhecêssemos, ele nos carregava nos ombros. Logo estávamos dançando e pulando por todo lado como selvagens. Ele brincava de circo conosco, jogando-nos no ar e nos fazendo rodar.

"Mama, papa, olhem!", gritávamos, loucas de satisfação.

"Que negócio é esse de mama e papa?", provocava ele. "Vocês moram na floresta com Cachinhos Dourados e os três ursos? Vocês precisam dizer mamãe e papai, como eu.

Então, por causa das provocações de Teddy, por fim começamos a falar mais como as crianças americanas.

Teddy gostava de nos levar ao cinema. Meus pais sempre lhe diziam para não comprar refrigerante, mas ele comprava um enorme balde de pipoca e um refrigerante gigante, de qualquer maneira. Ele nos mimava, e nós sabíamos.

Teddy me ensinou a comer espaguete nos Estados Unidos. Dizia que eu devia segurar os fios no alto e chupá-los ao mesmo tempo. Até me mostrou o barulho que eu devia fazer ao sugar, e demonstrou como devia ser alto o barulho ao tomar sopa no restaurante.

"Teddy! Você está se comportando pior do que as crianças pequenas!"

Mamãe reclamava, mas papai ria de suas travessuras. Teddy foi assistir a todas as nossas apresentações de balé e recitais de piano. Acompanhou muitas de nossas competições de natação, especialmente os campeonatos. Quando Mia, Mariel e eu participamos de O quebra-nozes, Teddy estava lá. Ele era o irmão legal e divertido que eu nunca soube que queria, até que tive a sorte de tê-lo.

No entanto, meu irmão alto-astral lentamente começou a perder a energia. Quando ele tinha 23 anos e eu, 9, comecei a perceber que Teddy estava doente. A possibilidade de perdê-lo me pegou de surpresa, embora não devesse. Meus pais haviam nos contado que perderam dois filhos com hemofilia, um problema do sangue. O sangue que os médicos haviam usado para tratar a hemofilia dos meninos quando eles eram pequenos estava contaminado com o HIV, e eles desenvolveram Aids. Cubby morreu com 11 anos, quase dois anos antes de eu nascer, e Michael morreu nove meses depois, quando tinha 15. Mesmo tendo visto fotos na parede acima da lareira, não parecia real para mim... mas Teddy era real, uma parte querida e preciosa de minha vida diária.

Eu estava acostumada com a hemofilia de Teddy. Muitas vezes vi ele mesmo injetar seus remédios. Para ele era coisa normal, não muito diferente de tomar vitaminas para mim. Embora eu tivesse ouvido as palavras hemofilia e HIV muitas vezes, nunca liguei a doença à ideia de sua morte.

No outono depois de nosso grande verão na praia, Teddy começou a ficar cada vez mais fraco. Em pouco tempo, mal conseguia andar. Ele tinha 23 anos e possuía sua própria casa, mas muitas vezes dormia na nossa, no quarto de hóspedes no primeiro andar. Muitas vezes passava o dia descansando em nosso enorme sofá de couro, vendo-nos brincar e ouvindo nossas conversas, interrompendo-nos muitas vezes para nos provocar.

Nosso barulho nunca o incomodou. Teddy dizia que éramos tão engraçadas que o fazíamos se sentir melhor. Normalmente, ele adormecia em meio ao caos. Ele ficou terrivelmente doente durante um ano.

Em 13 de novembro de 2004, dia em que a adoção de minha nova irmã, Amie, foi concluída no tribunal, saímos para jantar, mas Teddy estava muito fraco e cansado para ir. A caminho de casa, o celular de mamãe tocou. Era Teddy, e achei que estivesse ligando para dar os parabéns a Amie. Achei que mamãe fosse passar o telefone para ela, mas não. Em vez disso, eu a ouvi dizer:

"Tudo bem. Estamos quase chegando. Vamos deixar as meninas e depois papai e eu vamos direto buscar você."

"Vocês vão buscar Teddy para trazê-lo para casa? Ele vai comemorar conosco? Ele vai dormir em casa esta noite?", perguntei, mas mamãe não respondeu.

Ela ignorou minhas perguntas e continuou conversando com Teddy ao telefone com a voz calma e suave durante todo o caminho até nossa casa.

Quando entramos na garagem, mamãe disse:

"Teddy está doente. Seu pai e eu vamos levá-lo ao hospital. Meninas, entrem e vistam o pijama. Podem assistir à televisão até voltarmos."

Meu jantar revirou no estômago.

"Posso ir? Por favor!", implorei.

"Posso ir também?", perguntou Mia.

"Vamos só sua mãe e eu", disse papai.

Amie, Mia, Mariel e eu ficamos sentadas no sofá abraçadas, tremendo e chorando como gatinhos assustados. Estávamos muito preocupadas e distraídas para ver TV enquanto esperávamos por notícias de nossos pais.

Por fim, o telefone tocou. Mia e eu corremos para atender. Colamos os rostos para que ambas pudessem ouvir.

"Estamos a caminho de casa, meninas. Chegaremos em dez minutos", disse mamãe.

"Como está Teddy?", perguntamos as duas ao mesmo tempo.

"Ele está voltando para casa com vocês?", perguntou Mia.

"Quer que a gente ligue o cobertor elétrico para aquecer a cama dele?", perguntei.

"Não", disse mamãe.

"Ele está bem?", perguntei.

"Falaremos sobre isso quando chegarmos em casa", respondeu mamãe. "Estamos quase chegando."

Mamãe e papai nos abraçaram quando chegaram e nos levaram para a sala de estar. Então, com a voz suave e trêmula, mamãe simplesmente disse:

"Meninas, Teddy morreu."

Achei que meu coração fosse se partir em milhões de pedaços. Ouvi um grito alto em minha cabeça e percebi que era minha própria voz. Todas as minhas irmãs gritaram também. Chorávamos alto, uivos de lamento. Mariel rolava no chão, histérica, angustiada. Mia e eu nos agarramos uma à outra desesperadamente. Amie se jogou nos braços de nossa mãe. Mamãe e papai estenderam os braços e abraçaram todas nós, mantendo-nos próximas em um círculo de conforto e amor. Parecia que meus pais tinham braços de polvo, porque conseguiram abraçar todas nós juntas. Mas não conseguiram consertar nosso coração partido.

Naquele dia, a dor no peito foi tanta que achei que meu pobre coração estivesse sangrando. Eu nunca me sentira tão triste antes, nem mesmo na África. Mas talvez eu fosse nova demais para lembrar exatamente de como me sentira na África. Ou talvez não entendesse naquela época, quando era pequena, que a morte era para sempre.

Agora que eu sabia que a morte poderia arrebatar meus entes queridos, mesmo nos Estados Unidos, comecei a me preocupar com todos da família, especialmente com meus pais. O pensamento de perdê-los me aterrorizava. Eu tinha tanto medo de perdê-los que tentei me afastar, achando que assim não doeria tanto quando morressem.

O pior foi que me afastei de Mia também. Mia fora a única constante em minha vida por muitos anos. Fora minha primeira amiga de verdade e a única aliada no orfanato. No entanto, passei a rejeitá-la também. Começamos a discutir constantemente, e deixei de me abrir com ela como antes.

Com a perda de Teddy, aprendi que as pessoas têm maneiras diferentes de lidar com a dor. Agora sei que escolhi um jeito doloroso de lidar com a morte dele. Amie e eu nos rebelamos e nos afastamos do afeto de nossos entes queridos, enquanto Mia e Mariel se aproximaram mais no círculo familiar.

Depois da morte de Teddy, eu não entendia meus sentimentos. Mamãe tentou me ajudar e até insistiu para que eu fizesse terapia a fim de trabalhar meus sentimentos, mas recusei. A menos que fosse levada esperneando e gritando, não havia nenhuma possibilidade de eu fazer terapia.

Eu estava enlouquecendo meus pais, mas eles nunca desistiram de mim. Nunca deixaram de me amar, mesmo quando rejeitei seu afeto. Mesmo em meu estado de confusão emocional, isso me deu conforto.

Acredito que possa ter havido outra razão pela qual eu estava zangada com meus pais. Achava que eles não haviam cuidado de Teddy, o que, naturalmente, não era verdade. Eles tinham feito por meu irmão o que foi humanamente possível.

Mas eu sentia que, se eles não puderam mantê-lo seguro e bem, como poderiam me proteger? Durante muito tempo depois da morte de Teddy, minha raiva me levou a situações das quais eu precisei ser resgatada... talvez para provar a mim mesma que meus pais me salvariam, mesmo que não tivessem conseguido salvar Teddy.

— *Capítulo 23* —
SEGUINDO EM FRENTE

Mesmo cheia de meninas barulhentas, nossa casa parecia muito mais triste e solitária sem Teddy. Mia, Mariel, Amie e eu havíamos começado a fazer tricô quando eu tinha 8 anos. Eu tinha quase 10 quando Teddy morreu, e nós ainda tricotávamos. Sentávamos juntas à noite tricotando e conversando, antes de irmos para a cama. Dois dias depois da morte de Teddy, segurei o cachecol cinza e macio que estava tricotando e perguntei:

"O que vou fazer com isso? Eu estava tricotando para Teddy usar com seu moletom favorito. Eu queria dá-lo a ele no Hanukkah."

"Termine e dê para o papai", sugeriu Mia.

"Não, isso o deixaria muito triste", eu disse. "E não posso dá-lo a nenhum dos nossos irmãos. Eles sabem que eu estava tricotando para Teddy."

"Então termine-o para seu professor de dança favorito", sugeriu Amie.

"Não, é de Teddy. Não posso fazer isso", respondi.

Então, fiquei só tricotando e tricotando. Pegava o cachecol sempre que me sentia triste e tricotava mais e mais, até que ficou quase do comprimento do meu quarto. Foi minha maneira de lidar com a dor de perder Teddy. E eu provavelmente teria tricotado o cachecol para sempre se a lã não tivesse acabado na loja.

Menos de dois anos depois da morte de Teddy, minha família decidiu se mudar para Vermont. Meus pais haviam vivido lá quando se casaram, e disseram:

"Todas as nossas lembranças de Vermont são felizes. Perdemos três filhos em Nova Jersey. Temos muitas lembranças tristes aqui."

Minhas irmãs e eu concordamos que uma mudança poderia ser boa para todos nós, especialmente porque nossos pais decidiram que, em vez de estudar em casa, Mia, Mariel e eu poderíamos começar o sexto ano em uma escola pública.

Na nossa primeira manhã em Vermont, comemos panquecas quentes e macias com xarope de bordo de verdade, coisa que raramente se encontrava nas lanchonetes de Nova Jersey. A seguir, procuramos uma nova casa, livre de lembranças tristes.

Logo encontramos a casa perfeita em Williston. Ficava perto da nova escola de dança que eu frequentaria e de um professor de piano para Mia. Quando fomos conhecê-la, vi uma biblioteca pitoresca perto da Escola Central de Williston. Meus pais nos deixaram ir à biblioteca enquanto viam a casa ao lado.

Na biblioteca, encontrei umas meninas simpáticas. Eles se apresentaram para minhas irmãs e para mim. Algumas delas estariam em minha classe no outono, caso comprássemos a casa.

As meninas disseram que tínhamos sorte, porque a casa ficava na ciclovia. Disseram que, dependendo da época, poderíamos caminhar, esquiar ou ir de bicicleta para a escola e o parquinho, os campos de jogos e a pista de patinação no gelo. Comecei a pensar em como seria divertido, embora eu ainda estivesse triste por deixar meus amigos e minha escola de balé.

Toda vez que eu me sentia triste por nos mudarmos, pensava em como seria doloroso comemorar aniversários e datas especiais em nossa casa de Nova Jersey agora que Teddy havia morrido. Cada lugar da casa estava cheio de lembranças dele. Ele tinha uma personalidade incrível; havia enchido especialmente a cozinha, a sala de jantar e de estar com seus sorrisos e gargalhadas. O shopping, os parques, o cinema, os restaurantes... sua memória estava em todos os lugares aonde eu ia. Nós conversamos sobre isso, e eu sabia que era importante para minha família recomeçar em outro lugar.

Antes de nos mudarmos para Vermont, tive uma ideia para deixar minha marca em Nova Jersey. Decidi que queria quebrar o recorde feminino dos cinquenta metros costas no Tri-County Swimming para minha equipe.

Quando foi minha vez na última competição, pulei na piscina, segurei a borda com os dedos e enrolei as pernas à frente com os pés firmemente pressionados contra a parede. Dei impulso ao estouro do tiro de largada e mergulhei. Nadei forte e rápido, e podia ouvir a multidão aplaudindo.

Quando meus dedos tocaram a parede, levantei-me e olhei em volta para ver quem havia ganhado. Comecei a gritar quando descobri que eu era a única ali. Eu havia chegado com dois corpos de distância em relação ao nadador seguinte. Os aplausos eram para mim. Eu havia quebrado o recorde! Esse momento de triunfo foi a última lembrança de minha vida em Nova Jersey.

Mesmo que eu adorasse a natação e a emoção de competir, nadar não fazia meu coração palpitar como o balé, que foi ocupando mais e mais meu tempo. Por isso foi ficando cada vez mais difícil continuar a treinar natação. Além disso, eu era pequena, compacta e tinha ossos pequenos. Analisando os raios X do joelho e do pulso, um médico já havia previsto que eu teria entre 1,63 e 1,65 metro. Era uma altura maravilhosa se eu aspirasse a me tornar bailarina, mas não o suficiente se eu quisesse ser uma nadadora olímpica. Comecei a notar que cada vez mais minhas adversárias de natação me passavam, eram vários centímetros mais altas e me superavam em cerca de vinte quilos cada. No sexto ano eu ainda usava roupas de tamanho infantil, e elas eram quase mulheres feitas.

Tive que encarar o fato de que eu não tinha corpo de nadadora olímpica e não cresceria o suficiente. De certa forma, fiquei aliviada, porque poderia me dedicar ao balé sem me sentir muito culpada por abandonar a natação. Afinal, eu era absolutamente apaixonada pelo balé!

— *Capítulo 24* —
CAMINHOS DIFERENTES

"Por que você não me defende? Por que está sempre do lado de suas novas amigas?", gritou Mia enquanto voltávamos da escola para casa um dia. "Suas amigas são malvadas comigo! Você é malvada comigo!", ela gritava enquanto mancava, com sangue escorrendo de um corte no joelho.

Quando ela caiu em cima de uma pedra, algumas crianças riram.

"Minhas amigas não são malvadas!", gritei para ela. "Você é que é malvada. Você as ignora quando tentam ser legais com você."

"Legais? Legais?", rosnou minha irmã. "Elas não estão tentando ser legais. Elas zombam de mim e falam de mim pelas costas."

Estávamos na nova escola fazia pouco tempo e já se tornava evidente que Mia e eu seguíamos caminhos diferentes. Havíamos escolhido ficar na mesma sala de aula — ou "casa", como diziam em nossa escola —, porque sempre havíamos sido melhores amigas. Eu estava começando a ficar mais popular, porque conseguia fazer coisas como o *grand jeté* e porque as outras crianças achavam que tudo que eu dizia era engraçado.

Mia, por outro lado, era mais tímida, mais calada e muito mais séria que eu. Ela era tão talentosa quanto eu, mas, aos olhos das meninas do sexto e sétimo anos, piano clássico e oboé não eram tão legais quanto balé. Além disso, por alguma razão que eu não compreendia, as meninas mais populares da sexta série sentiram uma antipatia imediata por ela. Agora percebo que provavelmente era porque ela é linda. Os meninos babavam por ela, mas Mia não estava muito interessada neles na época.

Mariel estava em uma casa diferente na escola. Tinha amigos diferentes e, como aluna de educação especial, era protegida pelos profissionais que cuidavam das crianças com necessidades diferentes. Mas ninguém cuidava de Mia na escola; nem mesmo eu.

Mia havia me defendido e protegido quando estávamos no orfanato na África, mas, quando precisou da minha proteção, eu não a ajudei. Fico triste por admitir que, aos 11 anos, para mim era mais importante ser popular do que ser uma boa amiga para minha irmã.

Naquela época eu não percebia o quanto ela estava sofrendo. Os meninos faziam comentários impróprios, e eu ignorava a situação. Por fim, ela teve coragem de reclamar com o diretor da escola. Os meninos foram chamados e admitiram o mau comportamento.

Isso resolveu o problema de Mia com os meninos, e muitos deles logo fizeram amizade com ela; mas agora eram as meninas que não gostavam dela, porque havia colocado alguns dos meninos mais populares em apuros. Olhando para trás, percebo que tudo aquilo era a típica ansiedade da época, mas eu era apenas uma criança típica do fim do ensino fundamental, e agia como tal.

Mais uma vez fiquei contra minha irmã, reclamando que ela havia deixado meus amigos em apuros. Agora sei que deveria ter dito "eu vou protegê-la, Mia", assim como ela havia me protegido no orfanato.

Para Mia, o primeiro semestre foi um pesadelo, mas para mim foi uma delícia. Eu ia bem nas matérias. Passava momentos maravilhosos e fazia amigos em minha nova escola de balé. Quando saiu a lista do elenco para a produção de O *quebra-nozes*, fiquei muito feliz ao ver que havia sido escalada para sete papéis. Então, em certa noite de neve em janeiro, pouco antes do meu aniversário de 12 anos, caí da escada congelada do estúdio, e tudo mudou.

Eu estava acostumada ao jeito da Rock School, onde os professores não queriam que um aluno machucado dançasse. Lá, um aluno ferido assistiria à aula até se sentir bem para voltar aos ensaios. Pedi que mamãe escrevesse um bilhete e voltei para minha nova turma no dia seguinte. O professor leu o bilhete, grunhiu e o enfiou no bolso. A seguir, apontou para a barra e ordenou:

"Dance."

Com grande esforço, levantei a perna, mas só consegui subir duas barras. O professor se aproximou, segurou minha perna e a puxou até 180 graus, até meus dedos apontarem para o teto.

Senti tanta dor que desabei no chão, gritando como um cachorrinho ferido.

"Aqui, nós trabalhamos mesmo machucados", disse o professor.

Eu mal consegui andar até o carro de mamãe naquela noite, e nunca mais voltei àquela escola. De repente, eu não tinha mais onde dançar.

Embora eu estivesse perdida sem minha escola de balé, boas coisas aconteceram como resultado da minha lesão. Na verdade, me reaproximei de Mia. Começamos a fazer aulas juntas em um novo estúdio que havia sido inaugurado nas proximidades. A dona era uma francesa que estudara na Paris Opera Ballet School. Embora não estivesse em minha sala, Mia fazia jazz e balé moderno comigo. Nós nos divertíamos muito. Depois disso, começamos a nos abrir uma com a outra novamente, e ela me perdoou por tratá-la tão mal na escola.

Sem contar a mamãe ou a mim, minha professora me inscreveu no curso intensivo de verão do Dance Theatre of Harlem. Uma tarde, quando Mia e eu estávamos apressadas para ir para a aula de balé, o telefone tocou. Ouvi mamãe dizer ao telefone:

"Sim, sou mãe de Michaela."

"Quem era? O que queria? Era sobre mim? Era minha professora? Estou encrencada?", perguntei quando ela desligou, tentando me lembrar se havia feito toda a tarefa de casa que minha professora passara.

"Era do Dance Theatre of Harlem. Ofereceram a você uma bolsa integral para o intensivo de verão!", exclamou mamãe.

Fiquei muito feliz, mas também um pouco desanimada. Mia e eu estávamos próximas de novo, e eu não estava nada entusiasmada por passar sete semanas longe dela.

"Mia também pode se inscrever no intensivo de verão?", perguntei.

"Michaela!", gritou minha irmã. "Eu não quero fazer balé no verão. Vou ao acampamento de jazz com meus amigos da banda. Pode não ser tão glamoroso como um programa noturno em Nova York, mas é importante para mim. E não quero perdê-lo."

"Mas quem vai conversar comigo antes de dormir?", perguntei, pensando nas milhares de noites em que Mia havia cantado para mim, ou me contado histórias até adormecer.

"Você vai ter uma colega de quarto para conversar", disse Mia.

Ela estava mais certa do que poderia ter imaginado.

Quando cheguei ao hostel onde ficavam os alunos do curso intensivo de verão do Dance Theatre of Harlem, descobri que haveria sete colegas e uma conselheira em meu quarto. Meu problema não foi querer que alguém conversasse comigo ou me contasse histórias na hora de dormir; foi fazer todas ficarem quietas para que eu pudesse dormir!

Enquanto fiquei no hostel, aprendi que as trancinhas rastafári eram uma coisa muito importante na vida das outras meninas. Passei uma noite inteira com minhas novas amigas puxando e trançando meu cabelo para parecer comprido.

"Esse é o problema de ter mãe branca", disse uma das meninas.

"Qual?", perguntei.

"Ela não sabe trançar seu cabelo."

Eu queria defender mamãe, mas, por outro lado, ela nunca havia trançado meu cabelo nem o de minhas irmãs. *Será que é verdade que as mães brancas não sabem fazer tranças?*, perguntei a mim mesma. Eu queria ligar para ela e perguntar, mas fiquei com medo da resposta. A cor de sua pele nunca foi um problema para mim, e não queria que isso mudasse.

Além das trancinhas rastafári, o DTH me ensinou outra coisa naquele ano. Antes daquele verão, eu nunca havia dançado em uma classe de meninas predominantemente negras. Embora houvesse muitas alunas negras nos níveis iniciais da Rock School, a maioria no meu nível era branca, e todas nós usávamos sapatilhas de ponta e meias cor-de-rosa, como as bailarinas do mundo todo.

Eu havia aprendido com um ex-professor que usar meias cor-de-rosa dava a ilusão de um corpo mais longilíneo. Mas elas não criam o mesmo efeito em uma bailarina negra. Quando eu as usava, parecia ainda mais baixa. Eu levava desvantagem quando dançava em uma sala cheia de garotas brancas. Elas pareciam longilíneas, e eu, atarracada.

No DTH, tínhamos que usar sapatilhas e meias da cor de nossa pele. No caso da maioria das meninas, inclusive eu, isso significava marrom. Meu tom específico era Marrom Fashion, e vinha em uma lata de spray. Pintei todas as minhas sapatilhas de ponta com essa cor e tingi minhas meias do mesmo tom. Foi edificante usar sapatilhas de ponta e meias marrons. Nunca me senti tão alta, magra e elegante.

Durante o verão em que dancei no Dance Theatre of Harlem, o lendário Arthur Mitchell ainda era o diretor da companhia. Ele era uma figura imponente, com uma voz grave e uma presença forte, o que o fazia parecer muito mais alto do que realmente era. Embora eu tivesse um enorme respeito por ele e tenha chegado a me afeiçoar pela sua pessoa, a voz do Sr. Mitchell me assustava naquela época. Era o que minhas irmãs e eu chamávamos de voz africana, e me fazia lembrar as vozes das figuras de autoridade de minha vida, como tio Abdullah, Papa Andrew e os aterrorizantes líderes *debils* da FRU. Embora estivesse nos Estados Unidos havia vários anos, eu ainda tremia de medo ao recordar aquelas pessoas. Sempre que eu ouvia a voz do Sr. Mitchell, corria para um canto ou para o banheiro para me esconder dele.

Com exceção da voz, tudo no Sr. Mitchell era maravilhoso. Ele tinha uma capacidade incrível de ensinar. Na primavera anterior eu havia lhe mostrado minha coreografia de dança contemporânea para o concurso Youth America Grand Prix. Ele dissera:

"Está muito boa, mas vamos melhorá-la."

Então, ele me mostrou algumas nuances: uma elevação de queixo, uma inclinação de ombros, uma quebrada de pulso e uma rápida sucessão de passos enérgicos ao entrar, sedutora, com minhas sapatilhas de ponta. Em poucos minutos, ele transformou uma boa coreografia em um grande espetáculo.

Durante o intensivo de verão o Sr. Mitchell estava sempre atento a tudo. Nos fins de tarde, quando o calor deixava todos curvados, de repente ele aparecia no estúdio, e, como Drosselmeyer em O *quebra-nozes*, trazia um brilho de magia à sala. Colunas se endireitavam, cabeças se levantavam e olhos brilhavam. Todo mundo ficava instantaneamente alerta, porque nada escapava à sua observação. Um pé pisando errado, um joelho dobrado, um ombro levantado ou um quadril virado chamavam sua atenção, e o vozeirão dele gritava o nome do bailarino, fazendo seu pulso se acelerar. O Sr. Mitchell havia dedicado grande parte de sua vida a levar o balé para a vida das crianças do Harlem, e sempre conseguia compartilhar sua emoção e paixão pela dança com os alunos.

O Sr. Mitchell me chamava de Mickey D. e Miss Serra Leoa. Ah, como eu odiava aqueles apelidos! Mas eu os tolerava porque sabia que era uma forma carinhosa de se dirigir a mim.

Ele achava que eu tinha futuro, por isso me treinava reservadamente depois que as aulas regulares acabavam. Até me deu um solo no festival de rua do DTH. Uma multidão fazia fila na calçada naquele dia. Eu estava muito emocionada por ter sido escolhida para o solo, mas quase desmaiei de vergonha quando o Sr. Mitchell me apresentou à plateia como Miss Serra Leoa.

Apesar de sua voz, Arthur Mitchell foi o primeiro homem negro em quem consegui confiar.

Em agosto, Mia e meus pais foram me buscar no fim do intensivo de verão. A caminho de casa, mamãe se virou para trás para me dizer alguma coisa e de repente gritou:

"Seu cabelo! Sua cabeça! Você está ficando careca!"

Entrei em pânico e comecei a tirar as trancinhas rastafári. Mia me ajudou. Demoramos cerca de quatro horas para tirar todas elas. Quando chegamos em casa, lavei o cabelo com xampu e condicionador. Então, olhei-me no espelho. Lágrimas encheram meus olhos. Eu queria as trancinhas de volta.

Na manhã seguinte, perguntei à mamãe:

"Por que as mulheres brancas não fazem rastafári?"

"Acho que não tem nada a ver com a cor da pele, Michaela", disse ela.

"Você pode fazer rastafári em mim?"

"Claro que posso", respondeu mamãe.

"Então, por que nunca fez?", questionei.

"Você nunca pediu."

Quando mamãe disse isso, senti uma onda de alívio. Enfim, não havia nada de errado com o fato de uma garota negra ter uma mãe branca.

Dei umas semanas de descanso a meu couro cabeludo, e depois mamãe fez trancinhas em mim. Eram pequenas e finas, e não puxavam meu couro cabeludo. Quando ela terminou, eu tinha cerca de trezentas microtranças. Levou mais de vinte horas para fazer todas elas.

Logo as mulheres negras começaram a me parar na rua.

"Onde você fez essas tranças lindas?", elas perguntavam.

"Foi a minha mãe quem fez", eu respondia, cheia de orgulho.

Se ela estava por perto, eu fazia questão de apresentá-la. Achava engraçado ver os olhares de espanto no rosto das pessoas quando viam que mamãe era uma mulher branca de cabelo liso e loiro.

Aquele verão terminou maravilhosamente bem. Mia e eu tentamos consertar nosso relacionamento durante um acampamento com a família. Todos os conflitos do nosso sexto ano na escola pareciam ter desaparecido durante aqueles dias mágicos de caiaque no lago e noites assando marshmallows na fogueira. Como é especial rir e trocar confidências dentro de uma barraca embaixo de um céu estrelado. Mia e eu dormíamos lado a lado, como nos primeiros anos de nossas vidas.

— *Capítulo 25* —

YOUTH AMERICA GRAND PRIX

Quando eu era mais nova, tinha inveja dos adolescentes da Rock School que participavam do Youth America Grand Prix, ou YAGP. O YAGP é o maior concurso internacional de bolsas de estudos de balé. Eu também queria dançar um solo no palco, vestir um tutu de verdade, como a bailarina da capa da revista que eu havia encontrado anos antes.

No outono de 2005, quando eu tinha 10 anos, a Srta. Stephanie, da Rock School, por fim me perguntou se eu gostaria de competir no YAGP. Claro que agarrei a oportunidade. Fui a primeira aluna da Rock School a competir na divisão pré-competitiva — o nome era um paradoxo, pois logo descobri que a divisão para os mais novos era *extremamente* competitiva. Eu queria me sair especialmente bem para que outros jovens bailarinos da Rock School pudessem um dia competir nessa divisão também.

Uma das coreografias com as quais eu devia concorrer tinha necessariamente que ser contemporânea, criada especialmente para mim. A outra tinha que ser uma variação de um clássico. É possível cometer erros na dança contemporânea, até mesmo esquecer alguns passos, porque os juízes nunca viram essa peça antes. No entanto, a variação clássica tinha que ser perfeita, porque todos os juízes eram bailarinos profissionais. Eles conheciam cada passo do balé clássico.

Natalya Zeiger, a quem chamávamos de Srta. Natasha, foi minha treinadora clássica. Para minha coreografia, a Srta. Natasha escolheu a variação de Gamzatti da cena do casamento do segundo ato de *La Bayadère*.

Eu adorava a Srta. Natasha. Ela havia estudado na Academia Bolshoi e dançara como solista nesse balé antes de ir para os Estados Unidos. Aos meus olhos, ela era a personificação da bailarina russa: alta, magra, elegante e graciosa. E eu estava ansiosa para agradá-la.

A Srta. Natasha era firme, mas paciente. A versão da variação de Gamzatti que eu ia apresentar era cheia de *développés à la seconde*. Para cada um eu tinha que elevar a perna partindo do *retiré* — posição na qual a perna fica dobrada e o dedão aponta para o joelho oposto. Então, eu tinha que levantar a perna e abri-la para o lado até meu pé apontar para o teto. Isso exigia muita concentração, controle e esforço. Se eu fizesse errado, seria como se simplesmente chutasse para o lado e para o alto, sem nenhuma graciosidade.

A Srta. Natasha também era muito gentil. Ela me convidou para visitar sua casa e passou horas me ensinando a aplicar maquiagem para o palco. Aos 10 anos, eu não poderia imaginar uma experiência mais emocionante do que uma bailarina de verdade me ensinar a me maquiar. Até hoje sigo o conselho da Srta. Natasha para passar a sombra e o batom. Ainda posso ouvir sua voz me dizendo para espalhar a sombra clara até a sobrancelha e depois aplicar a mais escura embaixo.

"Lembre-se, Michaela: quando passar o delineador, vá um pouco além da borda externa do olho, de modo que seus olhos pareçam maiores."

O batom era um problema para mim. Tenho lábios muito cheios, e precisava ter cuidado para não pintá-los além do limite. A Srta. Natasha me ensinou a usar lápis labial antes de aplicar o batom. Depois era só preencher o contorno.

A Srta. Natasha tinha uma coleção de tutus que emprestava a suas alunas, mas todos eles eram grandes demais para mim. O YAGP não exige figurinos extravagantes ou caros e, oficialmente, chega a afirmar que eles não são necessários, mas eu sabia que todos os concorrentes usariam trajes bonitos, e eu queria fazer o mesmo.

Mamãe e eu passamos horas no computador procurando tutus para comprar ou alugar. Como era minha primeira competição, não tínhamos ideia de que tutus e figurinos feitos sob medida precisavam ser encomendados com meses de antecedência... muito antes de eu saber que ia competir. Mesmo se o tempo não fosse um problema, os preços do tutus eram altos demais.

"Setecentos e cinquenta dólares! Novecentos e noventa e cinco! Mil cento e cinquenta! Ah, querida, não podemos nos permitir isso, mas talvez eu possa fazer um para você."

"E se alugarmos um?", sugeri.

Mamãe balançou a cabeça e franziu o cenho.

"Custa cem dólares por dia para alugar, e o depósito é bem mais caro do que isso. Pagando o depósito e a taxa de aluguel, especialmente se você for para as finais em Nova York, o custo será quase igual a comprar um.

"Mas, mamãe, eles devolvem o depósito quando nós devolvemos o tutu", eu disse, com medo de ter que usar um tutu caseiro.

"Isso se você não derramar nada nele, não o rasgar ou perder", ela retrucou.

Não achei graça, mas mamãe estava certa. Eu era graciosa no estúdio, mas em outros lugares estava sempre tropeçando e trombando nas coisas. E constantemente derramava comida na roupa.

Dei de ombros e suspirei.

"Tudo bem... então, como você pretende fazer esse tutu?"

No dia seguinte, minha mãe me deixou na aula de balé e foi até o distrito dos tecidos, na Filadélfia. À noite, quando foi me buscar, encontrei sacos de tule branco e retalhos no banco de trás do carro. Em um dos sacos encontrei organza ouro pálido com padrões de lantejoulas douradas brilhantes.

"Uau! Que lindo!", exclamei.

"É o tecido do seu tutu. Agora, tenho uma surpresa para você", disse mamãe enquanto me passava uma sacola menor.

Dentro havia uma caixa quadrada simples.

"Abra com cuidado. Não vá deixar cair o que está dentro", alertou ela.

Quando abri a caixa, soltei um grito. Dentro dela havia uma tiara artesanal, folheada a ouro e adornada com cristais. Era perfeita!

Amei a variação de Gamzatti simplesmente porque era a primeira que eu fazia, então eu não tinha comparativos. Dançar aquela peça me fazia sentir majestosa e livre; isso até a noite da competição. Fiquei então nervosa e preocupada, porque a Rock School fez uma reunião obrigatória com os participantes do concurso e eu mal tive tempo de chegar ao local da competição depois. Para chegar ao palco a tempo, tive que me trocar no banco traseiro da minivan dos meus pais. Cheguei, tremendo, cerca de seis minutos antes do meu nome ser chamado.

Foi uma variação complicada, com combinações de passos tecnicamente difíceis e complexas. A versão que eu estava dançando incluía vários giros *en dedans,* em *attitude,* e arabescos em *plié* que exigiam foco intenso no equilíbrio, enquanto eu mantinha uma expressão agradável no rosto. Eu ainda tinha que atravessar o palco com uma série de *développés à la seconde.* Como poderia fazer isso na condição em que estava? *Respire fundo. Relaxe, você não é uma criança. Você é Gamzatti, uma princesa persa, e é o dia de seu casamento,* eu dizia a mim mesma enquanto estava nos bastidores.

Por fim, ouvi o anúncio:

"Michaela DePrince, 10 anos de idade."

A música começou e entrei no palco. Eu me sentia bonita com meu tutu e minha tiara brilhantes. Durante o minuto e meio em que durou a variação, os difíceis passos que eu havia sofrido para fazer como Michaela, estudante de balé, saíram facilmente para a glamorosa Gamzatti. Eu me deixei voar no papel. Foi uma sensação incrível!

Ganhei o Hope Award na Filadélfia naquele ano. Era a maior honra para dançarinos da minha categoria e faixa etária.

— *Capítulo 26* —
O TUTU DE VESTIDO DE NOIVA

Eu não sabia se teria autorização para competir no YAGP quando me mudei para Vermont. O diretor de minha primeira escola nesse estado não gostava de competições. No entanto, depois que minha lesão me fez mudar de estúdio, descobri que minha nova professora estava mais que disposta a colaborar. Ela tinha habilidades coreográficas maravilhosas e ajudou a me preparar apressadamente para o YAGP 2006.

Mais uma vez, mamãe costurou minha fantasia contemporânea, mas era impossível fazer um tutu em tão pouco tempo, especialmente porque eu nem sabia qual variação ia dançar.

"Posso fazer o papel da morte do Cisne Branco?", implorei à minha professora.

"Ah, Michaela, esse papel requer não só talento adulto, requer também uma vida de desgostos", respondeu ela, com um sorriso gentil.

"Então, posso fazer o Cisne Negro?", perguntei.

"Michaela! O Cisne Negro é sedutor, e você acabou de fazer 12 anos."

"O que é sedutor?"

Minha professora riu abertamente.

"É por isso que você não pode ser o Cisne Negro. Nem sabe o que é ser sedutora. Que tal o papel de Paquita? Acho que a Variação Número 6, da menina que pula, seria perfeita. Você vai entrar no palco com uma série de cinco *grands jetés*, e sei que você ama isso.

Então eu ri também. O *grand jeté* sempre foi meu passo favorito. Eu amava saltar alto e longe. Eu tinha a sensação de estar voando!

Naquela tarde, assisti a um vídeo da variação de Paquita com minha professora, e a seguir, depois de aquecer na barra por 45 minutos, trabalhamos nele por uma hora e meia.

Minha parte favorita dessa variação começava oito segundo depois, quando eu fazia cinco *grands jetés* e me sentia voar. Então eu voltava para a Terra e começava a parte mais difícil. Vários *tours jetés* seguidos. São giros dentro de saltos. Eu sabia que poderia me perder se não fosse muito precisa no pouso. Os giros eram seguidos por arabescos com giros em *attitude*, terminando com uma pirueta dupla *en dedans*, que era a parte mais difícil para mim. Acabei meu primeiro ensaio encharcada de suor, como se estivesse no alto verão. Mas caí na real rapidamente quando saí para uma tempestade de neve com temperatura abaixo de zero.

Enquanto eu me preocupava com os ensaios, mamãe se preocupava com o figurino.

"Michaela, o que a Paquita veste na variação que você vai dançar?", perguntou ela no dia seguinte.

"Um tutu cor de vinho com acabamento dourado", respondi.

Mamãe arregalou os olhos, horrorizada.

"Michaela, você vai desaparecer no palco!"

Eu ri. Ela estava certa. Cor de vinho contra minha pele chocolate, e contra o fundo azul-marinho do palco do YAGP, me faria desaparecer. Eu pareceria dois olhos e dentes brancos piscantes.

"Talvez possamos inverter as cores", sugeri.

Mamãe saiu correndo e voltou meia hora depois com várias caixas de corante e pequenos potes de tinta de tecido bordô. Despejamos corante amarelo na banheira e ligamos a hidromassagem para misturar tudo.

Mergulhamos na banheira o tutu branco que eu havia usado no ano anterior e agitamos a mistura. Eu não fazia ideia de quão pesado um tutu molhado poderia ficar até que tentei tirá-lo da água.

"Mariel, ajude aqui!", gritei.

Mariel deve ser a garota mais forte que já conheci. Se ela quisesse, poderia participar de campeonatos de levantamento de peso. Mas ela não precisou levantar pesos naquele dia... só meu tutu. Mariel espremeu o corpete do tutu e tirou o excesso de água. Então, juntas, nós o colocamos em um saco de lixo, rindo o tempo todo. Por fim, nós o levamos para o andar de baixo e o atiramos na secadora.

Meu tutu, antes fofo e delicado, parecia um monte de bolas de tênis conforme batia dentro da secadora de roupas. Fiquei sentada na cozinha, com medo de que ficasse um emaranhado só. Mas logo as batidas pararam, substituídas por um farfalhar suave. Quando abri a secadora, saiu de dentro dela um tutu dourado perfeito, tão fofo como antes do tingimento.

Com a ajuda da minha mãe, pintei as pétalas da flor cor de vinho no laço. Quando acabamos, eu tinha um tutu de Paquita perfeito. Estava pronta para o concurso.

Estava muito frio e nevando em Vermont quando saímos para a competição, em Connecticut. Foi uma viagem difícil, e mamãe levou um tombo no hotel, machucando o ombro. Felizmente chegamos a tempo, e eu fui rapidamente arrastada pelos acontecimentos do dia. Estava muito empolgada porque ia rever velhos amigos da Filadélfia e de Nova York, e conhecer pessoas de todos os lugares da Costa Leste.

Minha primeira variação foi a contemporânea, no exótico estilo do Oriente Médio. Mamãe havia feito um lindo traje de gaze com brocado vermelho e dourado, com debrum de cristais multicoloridos. Minha professora queria que eu entrasse no palco dançando, com um fino véu vermelho cobrindo meu rosto.

"Você enxerga através do véu?", perguntou ela várias vezes durante o ensaio, em seu estúdio muito bem iluminado.

"Totalmente", eu a tranquilizava enquanto ensaiava.

Até o dia da competição, eu sabia a variação tão bem que poderia dançá-la de olhos vendados, o que acabou sendo uma sorte para mim.

Quando minha música começou, abaixei o véu sobre o rosto e entrei dançando no palco. Na escuridão do teatro, fiquei sem conseguir ver nada! Eu devia ter arrancado o véu do rosto, porque tive medo, no início, de cair no colo do público; mas, de repente, entrei no clima da música e não era mais Michaela. Eu era uma beduína. Não importava o fato de não poder ver o palco ou o público, porque já não estava me apresentando no YAGP. Eu estava na tenda do xeque, ondulando junto com as cortinas de seda sopradas ao vento.

Por fim, cheguei à nota que sinalizava a retirada do véu. Arranquei-o da cabeça e a tenda beduína desapareceu. Eu era Michaela de novo. As muitas horas de ensaio valeram a pena. Eu não estava balançando na beira do palco.

Quando levantei a cabeça, vi centenas de pessoas hipnotizadas. Deviam ter percebido que eu não enxergava através do véu, porque no final do espetáculo todos aplaudiram freneticamente. Sorri, fazendo uma reverência, e a seguir corri para fora do palco.

Após a competição, que durou dois dias, dormi a maior parte do caminho para casa, de modo que cheguei cheia de energia. Estava ocupada contando tudo a minhas irmãs quando ouvi mamãe dizer a papai:

"Pode me levar ao pronto-socorro? Não consigo levantar o braço para dirigir. Acho que quebrei o ombro quando caí no hotel.

Fiquei acordada a noite inteira esperando que ela chegasse do hospital. Da última vez que alguém da família fora para o pronto-socorro, nunca mais voltara para casa. Senti um nó no estômago quando por fim ouvi o gelo da calçada crepitar no momento em que nosso carro parou, às 5 horas da manhã. Eu estava à beira das lágrimas quando ouvi a voz de mamãe na cozinha, mas tentei parecer tranquila quando a vi ali, parada, com o braço na tipoia.

O ombro de mamãe se recuperou a tempo de ela me acompanhar nas finais do YAGP 2007, em Nova York, e, logo que chegamos em casa depois do evento, comecei a pensar em minhas variações para o YAGP 2008. Mais uma vez tentei *O lago dos cisnes*, e mais uma vez minha professora me escalou como princesa. Mas naquele ano eu interpretaria minha última princesa adolescente — a Princesa Aurora, de *A bela adormecida*. Dançaria a variação de seu aniversário de 18 anos, do primeiro ato.

Naquele ano eu estaria na categoria Júnior do YAGP, e tinha que usar um tutu com corpete. Mamãe e eu procuramos um traje na internet. Claro que os preços haviam subido.

Pensei em tingir meu velho tutu, mas a Bela Adormecida usava um figurino cor-de-rosa no primeiro ato. Se eu mergulhasse meu tutu dourado no corante rosa, provavelmente ele ganharia um estranho tom cor de abóbora. Além disso, quando o experimentei, percebi que havia crescido muito. Durante anos Mia havia sido mais alta do que eu. Agora eu era mais alta do que ela, e meu tutu não passava do peito.

"Que tutu vou usar?", perguntei.

"Deixe que eu me preocupe com o figurino, Michaela. Você se preocupa com a dança", disse mamãe.

— *Capítulo 27* —
Minha primeira turnê

Enquanto mamãe planejava meu figurino para o YAGP daquele ano, a Srta. Madeline, uma fada madrinha da vida real, apareceu para me dar um presente especial. Madeline Cantarella Culpo é diretora do Albany Berkshire Ballet, ou ABB, uma pequena companhia com estúdios localizados em Albany, Nova York e Pittsfield, em Massachusetts. Ela leva seus espetáculos para cidades pequenas e áreas pouco populosas de Massachusetts, Nova York, Vermont e Canadá, cujos moradores raramente, ou nunca, teriam a oportunidade de assistir a um balé profissional.

A ABB promove uma turnê com O *quebra-nozes* todos os anos contando com os serviços de alguns bailarinos profissionais, adolescentes aprendizes e dezenas de crianças das áreas onde atua. Os mesmos bailarinos e aprendizes dançam durante toda a turnê, mas as crianças vão mudando de cidade para cidade.

Quando a ABB chegou a Burlington, em Vermont, participei da audição para um dos papéis de criança.

Naquela manhã fria de setembro, cheguei ao New England Ballet Conservatory com a expectativa de ser escalada como um Soldado ou um Rato. Mas minha professora tinha outra ideia em mente. Ela falou com a Srta. Madeline sobre a possibilidade de me aceitar como aprendiz.

Após a audição, a Srta. Madeline me chamou de lado e me convidou para aprender uma variação de "A valsa das flores" — um dos papéis profissionais de *O quebra-nozes*.

Dancei com todo o meu coração, amando cada segundo do meu papel de flor, e, para minha total alegria, me ofereceram a chance de me juntar à turnê e até mesmo ganhar um pequeno salário. Seria meu primeiro papel adulto em uma companhia, e, de repente, meu sonho de me tornar bailarina profissional não parecia tão fora de alcance.

Depois, fiquei um pouco nervosa. Uma coisa era ficar longe de casa para fazer um intensivo de verão com uma centena de outras crianças. Lá, os monitores nos vigiavam dia e noite com olhos de águia. Outra coisa era viajar em turnê com uma dúzia de adolescentes e adultos em uma companhia profissional. Apesar de meu receio de ficar longe de casa, fiquei tão orgulhosa e honrada por ter essa oportunidade que nem pensei em recusar.

Eu sabia que, na condição de aprendiz na ABB, levaria o balé para milhares de pessoas em todo o norte de Nova Inglaterra, e poderia mostrar ao meu pedaço de mundo que as meninas negras podem ser bailarinas também. Muitos refugiados das guerras do Congo e imigrantes da África

Ocidental haviam sido reassentados em Burlington. Seria a minha chance de chegar até eles e incentivar seus filhos a dançarem.

Passei as semanas seguintes me preparando para a turnê. Eu perderia muitas aulas na escola, mas meus professores foram maravilhosos e, em vez de me dar um calhamaço de trabalhos e tarefas, me entregaram uma lista e disseram:

"Esta é a matéria que você vai precisar aprender durante esse tempo. No entanto, se vai estudar ou não, é com você e seus pais. Nós confiamos em vocês."

Eu estava ficando cada vez mais nervosa conforme se aproximava o meu período de aprendizado na ABB.

"Você não precisa ir se não quiser", disse mamãe, percebendo meu nervosismo.

"Mas eu quero", insisti.

"Você só tem 12 anos, Michaela. Vai ter muitas oportunidades como essa no futuro", aconselhou papai.

Ele podia estar certo, mas eu tinha que aproveitar a oportunidade de viajar com uma companhia profissional. Era uma excelente chance para aprender, e eu não podia desperdiçá-la.

Quando chegamos à frente da casa da Srta. Madeline, onde eu ia morar, Mia exclamou:

"Uau! Veja só que bela mansão mal-assombrada!"

Talvez fosse o olhar de pânico em meu rosto, ou talvez Mia pudesse ler minha mente, mas ela rapidamente acrescentou:

"Me ligue se ficar com medo dos fantasmas. Vou lhe contar uma história ou cantar uma canção até você dormir."

Assim que entramos na velha casa vitoriana de três andares, fomos recebidos por um enorme pastor alemão. Mia gritou como um rato assustado e fugiu, abandonando-me à minha própria sorte.

"Bonzinho. Bonzinho", eu disse suavemente.

Timidamente, estiquei a mão para brincar com o cachorro, que era maior do que eu. Por fim, uma garota alta, de longos cabelos loiros-escuros, desceu as escadas.

"Oi, eu sou Lida. Estou vendo que você já conheceu o cachorro da Srta. Madeline, Buddy. Ele não morde."

Lida tinha 17 anos e também seria aprendiz naquela temporada. Ela me mostrou meu quarto, que tinha duas camas.

"A Srta. Madeline dorme em outra ala da casa, longe dos quartos deste lado. Há muito espaço aqui em cima, e ela disse que podemos ter quartos separados se quisermos."

Olhei para Lida e notei que seus olhos estavam tão arregalados e tensos quanto os meus. Ela acrescentou:

"Ou podemos dividir este quarto."

"O que você prefere?", perguntei, esperando que aquela garota mais velha não se opusesse a dividir o quarto com uma menina de 12 anos.

"Dividir", ela respondeu prontamente.

Dei um suspiro de alívio.

"Eu também."

Sorrimos uma para a outra, aliviadas por não precisar dormir sozinhas naquela velha casa que rangia.

Ela declarou:

"Acho que esta casa é mal-assombrada. Estou muito feliz por ter uma colega de quarto."

Naquela noite, depois do jantar, meus pais partiram. Na escuridão da noite de novembro, a casa vitoriana parecia mesmo estranha. Lida e eu nos assustávamos por acreditar que cada rangido e gemido da velha casa era um fantasma rondando pelos corredores. Eu tinha medo de me levantar para ir ao banheiro à noite e encontrar um espectro sombrio no corredor.

Lida às vezes ia para sua casa, em Albany, nos fins de semana, ou passava a noite na casa de uma amiga nas proximidades. Nessas noites eu ficaria sozinha e assustada — apavorada, na verdade — se não fosse pelo meu novo melhor amigo, Buddy.

Embora Buddy fosse enorme e parecesse feroz, rapidamente percebi que ele tinha bom coração. Sempre que Lida estava fora, eu o fazia ficar comigo no quarto. Buddy me mantinha aquecida e me fazia sentir segura, livre de fantasmas, pesadelos, livre do pavor de sequestradores, espíritos malignos, ladrões e ratos. Eu não podia deixar de pensar que, se Clara ou Marie Stahlbaum, de *O quebra-nozes*, tivessem um cão como Buddy, os ratos não teriam conseguido entrar, e toda a trama da peça teria sido diferente.

Durante o tempo que passei na casa da Srta. Madeline, meus dias foram preenchidos com ensaios. Fui escalada para o papel de Marzipan, e na "Valsa das flores" representei a Neve e as Danças Chinesas; para minha surpresa e prazer, também ganhei uma coreografia árabe! Aprendi que em uma companhia pequena você interpreta muitos papéis e faz tudo o que é necessário. Então, ensaiei para um papel de homem na cena do Trepak (dança russa), o que me fez sentir como um antílope saltador.

Os bailarinos adultos da ABB eram todos muito legais e protetores. Tomavam conta de mim, e eu me senti totalmente segura com eles durante toda a temporada de férias. Os homens eram engraçados. Gostavam de mexer comigo por causa das minhas habilidades para saltar e muitas vezes me desafiavam em concursos. Adorei ensaiar o Trepak e desejava ter a oportunidade de dançar no palco. Mas não dancei, porque nenhum deles perdeu uma apresentação.

Uma lição importante que aprendi com essa experiência na ABB foi que bailarinos profissionais não têm um semestre inteiro para aprender uma coreografia, como eu tinha nas escolas de dança. O ensaio para um espetáculo durava apenas algumas semanas, e tínhamos que aprender várias coreografias, não só uma ou duas, durante esse tempo. Isso fez tudo ser muito mais intenso do que qualquer outra coisa que eu já havia experimentado até então.

A melhor parte da temporada de *O quebra-nozes* foi a turnê. Viajamos de van pela neve de uma cidadezinha para outra, nos apresentando em casas de ópera pitorescas e decoradas com azevinho e luzes.

Trabalhávamos com um grupo diferente de crianças em cada lugar, e eu nunca me cansava de ver as expressões de felicidade e excitação nos rostinhos quando nos juntávamos a elas nos ensaios. Para os amigos que eu tinha perto de casa, eu era apenas mais uma menina, mas para aqueles pequenos bailarinos eu era uma estrela do balé, e isso me fazia sentir muito adulta.

Os adultos do nosso público pareciam tão felizes por nos ver quanto as crianças. Ficavam sempre muito gratos. Os aplausos aqueciam meu coração naquelas noites geladas do norte de Nova Inglaterra.

Meu papel favorito durante a turnê foi o Café da Arábia. Era exótico e romântico. Fiquei especialmente feliz ao dançá-lo para todos os meus vizinhos, colegas e amigos em Burlington, em Vermont.

A viagem de volta a Burlington foi divertida para mim e para os outros aprendizes. Meus pais prepararam muita comida para nós e espalharam tapetes e edredons no chão para que pudéssemos dormir em minha casa. Quando fomos embora, senti uma pontada de tristeza por deixar minha família; mas tínhamos outras apresentações pela frente.

Por mais que eu amasse a dança e me sentisse privilegiada por estar em turnê com a companhia, ainda era difícil estar longe de casa. Certa tarde, eu me perdi ao voltar da farmácia para a casa da Srta. Madeline. Em uma noite, tive certeza de que havia um fantasma em meu quarto. Mamãe conversava comigo em longas ligações ao telefone, e Mia cumpriu sua promessa de cantar para que eu dormisse nas noites em que ficava muito assustada.

Na véspera de Natal fizemos nossa apresentação final, em Pittsfield. Minha família inteira foi assistir ao nosso espetáculo de encerramento, e depois atravessamos a escuridão e a neve de volta para nossa casa, no norte de Vermont.

— *Capítulo 28* —
TREZE ANOS

Quando voltei para casa depois da turnê de O *quebra-nozes*, meus professores me disseram que eu precisava me inscrever em um programa de balé pré-profissional no ano letivo seguinte se quisesse progredir.

"Aonde devo ir?", perguntei.

Havia muitos bons programas disponíveis, mas nenhum ficava em Vermont, e encontramos só dois que aceitavam alunos do ensino fundamental. O mais próximo ficava em Montreal, a três horas de distância de minha casa.

Meus pais me levaram até lá para participar de uma audição. Fui imediatamente aceita na escola, mas também precisava me matricular em uma escola particular que aceitasse estudantes de balé da minha idade. Fiquei decepcionada ao saber que haveria dois problemas com esse plano. Primeiro, todas as minhas aulas seriam em francês. Depois, como eu sou cidadã norte-americana, meus pais teriam que pagar uma taxa alta pela minha educação.

A segunda escola ficava em Washington, a cerca de 11 horas de distância de casa. Imaginei-me com gripe, esperando que meus pais fossem me buscar depois de tirar três metros de neve da porta da garagem. Aquela opção não podia ser considerada, por isso, enquanto tentávamos descobrir o que fazer no ano seguinte, continuei me esforçando em minhas aulas e procurei um intensivo de verão.

Percorremos cerca de 320 quilômetros pelas montanhas nevadas até Brattleboro, em Vermont, onde participei da audição para um programa. Fui aceita, mas custaria uma fortuna. Eu não queria que meus pais pagassem milhares de dólares por um programa de verão.

"Talvez eu possa entrar em um dos cursos intensivos do American Ballet Theatre. O ABT está fazendo testes em Boston. Podemos ir?", perguntei.

"Claro", concordou mamãe, e imediatamente me inscreveu na audição.

Logo no início do dia anterior ao meu aniversário de 13 anos, pegamos um ônibus para Massachusetts. Quando cheguei à seletiva, no estúdio Boston Ballet, vi as meninas espalhadas pelo chão se alongando e aquecendo. Senti um nó no estômago. Parecia que eu seria a única negra na audição.

Estava tremendo de nervoso quando entrei, mas, assim que a aula começou, concentrei toda minha energia em fazer exatamente o que o instrutor dizia. Decidi dar o meu melhor e provar que uma garota negra podia dançar tão bem quanto uma branca.

Em poucos minutos, descobri que a audição não era diferente nem mais difícil do que minhas aulas de balé na Rock School. Pela primeira vez entendi o que a Srta.

Stephanie, da Rock School, queria dizer com *memória muscular*, quando meu corpo mudava automaticamente de posição, para os *tendus*, *relevés*, *ronds de jambe*, *battements frappés*, *grands battements*, *fouettés*, *assemblés*, arabescos, piruetas *en dedans* e *en dehors*, *grands jetés* e todos os outros passos que eu executara quase todos os dias de minha vida.

Perto do fim da aula, passamos às sapatilhas de ponta. Eu havia planejado usar um par bem surrado e confortável, mas em minha última aula uma delas havia estragado. Na noite anterior eu havia costurado às pressas o elástico e as fitas em outro par e tentara amaciá-las no piso de madeira da sala de casa.

Antes de ir dormir eu as havia esmagado várias vezes, fechando a porta do quarto nelas. Para completar, de manhã eu as batera contra a lareira de tijolos. Agora, ao deslizar os pés dentro das sapatilhas, senti que estavam ótimas. Enquanto amarrava as fitas, eu quase podia ouvir a Srta. Stephanie me alertando para fazer os nós bem apertados.

Para meu alívio, as fitas das minhas sapatilhas de ponta não desamarraram. Nada deu errado na audição, e eu até me lembrei de sorrir durante a aula. Quando saí do estúdio, Raymond Lukens, o instrutor, piscou para mim, e meu coração disparou. Talvez isso fosse um bom sinal, disse a mim mesma. Mas, enquanto pegava meu casaco e saía porta afora, consegui me convencer de que era apenas o seu jeito de dizer olá, e que eu provavelmente não iria entrar.

Disseram que os resultados dos testes sairiam em cerca de duas semanas. Eu não sabia como conseguiria esperar tanto tempo. Mas, alguns dias depois, mamãe abriu seu e-mail e gritou:

"Michaela! Michaela! Venha aqui, depressa!"

Corri para a cozinha e ouvi:

"Veja este e-mail! Você ganhou uma bolsa integral para o intensivo de verão do ABT!"

"Onde?", perguntei.

O ABT tem várias escolas, e a mais prestigiada aos olhos das jovens bailarinas é a de Nova York.

Mamãe respondeu:

"Nova York."

Saí pulando pela sala, saltando os móveis e dois cestos de roupa e quase caindo e indo parar dentro da lareira. Porém, antes que eu pudesse ir para o intensivo de verão, tinha muito mais a fazer. Meus pais e eu havíamos concordado que, se eu me esforçasse bastante nos estudos e terminasse o sétimo e o oitavo ano juntos, poderia participar do programa da Rock School em setembro... se fosse aceita. Também tinha que acabar de me preparar para o YAGP 2008.

O YAGP exigiu muita preparação naquele ano. Minha professora e eu não conseguíamos decidir o que fazer na parte contemporânea da competição, por isso eu havia aprendido três coreografias muito diferentes. Cada uma delas exigia algo incomum de mim.

Uma delas era uma peça que o professor de dança moderna de nosso estúdio me ensinou. Foi coreografada para uma seleção de *Passion*, de Peter Gabriel, e demandava força, flexibilidade e agilidade. No começo, achei que seria fácil de executar, pois não exigia sapatilhas de ponta, mas foi muito difícil. Era como se eu não conseguisse entender a arte daquela peça. Para mim, a dança moderna parecia ginástica, e, como eu era muito jovem e inexperiente, não conseguia me encontrar nela.

Prefiro coreografias que requeiram atuação; balés nos quais eu possa me perder na mente e no corpo de outra pessoa. Também gosto de coreografias que contenham movimentos diferentes. Meu segundo número de dança contemporânea era um lindo e sedutor solo *en pointe* da música "Partenaire Particulair". Exigia habilidades de atuação e mudanças de expressão facial. Gostei de pisar *en pointe* como uma jovem amuada, indecisa sobre suas escolhas sentimentais.

A terceira dança contemporânea era uma variação da abertura do maravilhoso *O pássaro de fogo*, coreografado por Mikhail Fokine para a música de Igor Stravinsky. Essa peça requer movimentos rápidos e ágeis, bem como um preciso *port de bras* que imita o bater de asas de um pássaro. Passei muito tempo daquele ano observando os pássaros e imitando seus movimentos.

Minha variação clássica — o papel da Princesa Aurora — foi a coreografia mais artisticamente completa que ensaiei. Eu sou romântica, e dançar como uma jovem princesa encantada cujo noivado com um belo príncipe está prestes a ser anunciado no aniversário dela me emocionou. A coreografia dessa variação é impressionante!

Particularmente, amei fazer a série de *ronds de jambe en l'air en pointe*, que se iniciava cerca de um minuto e quinze depois que comecei a atravessar o palco. Nada me fez sentir mais como uma bailarina de verdade. O caráter artisticamente exigente daquela coreografia me animou muito.

Então, como o YAGP se aproximava, decidi naquele ano caprichar nos ensaios em vez de me preocupar em vencer. A parte mais interessante foi que convenci Mia a fazer um duo comigo. Ela ainda fazia aulas em nossa escola, mas por diversão e exercício, porque se concentrava mais na música, praticando oboé, trompa inglesa, canto e piano.

"Mas eu não danço tão bem", protestou Mia quando lhe perguntei.

"Vai ser divertido! Pensei em fazer uma paródia e coreografar a música do novo filme de Johnny Depp, *Piratas do Caribe*. Você não vai precisar dançar. Eu vou bater em sua cabeça no início da performance e você pode ficar caída no palco, inconsciente, metade do tempo. A ideia é irmos para Torrington juntas e nos divertirmos", argumentei.

Mia gostou da ideia e concordou. Começamos a planejar nosso figurino. Fomos a uma loja em Burlington e compramos fantasias de pirata. Depois, fomos a uma loja de artigos para festas e encontramos um peito de pirata bem leve e um monte de adereços de carnaval.

Planejamos o número para que dançássemos como dois piratas espadachins vestidos de cores contrastantes. Encontrávamos um baú e travávamos uma luta de espadas em cima dele. Eu batia na cabeça de Mia com a bainha de sua espada e ela caía no chão. Então, eu ficava tão feliz por ter o tesouro só para mim que dançava por todo o palco, saltando sobre o baú e sobre Mia. Ficava tão empolgada que não percebia que Mia revivia e levava o baú, deixando-me comemorar sem nada.

Nós nos divertimos muito fazendo a coreografia. Acabávamos sempre rindo tanto no meio que rolávamos no chão. Às vezes discutíamos e cada uma fazia o que queria, então acabávamos esbarrando acidentalmente uma na outra. Certa vez, Mia ficou tão animada para mostrar seu adereço à plateia imaginária que se esqueceu de levantar e dançar. Isso me fez rir até ficar sem fôlego. Acho que não consigo lembrar os passos daquela coreografia, só as idiotices e os risos.

Quando minha mãe me pediu para não me preocupar com o figurino daquele ano, ela falou sério. Ela encomendou um tutu profissional e o cobriu de penas vermelhas, laranja e amarelas. Ficou incrível, mas, ainda assim, não podia se comparar com o esplêndido traje da Princesa Aurora.

Não conseguíamos encontrar o tecido certo e as rendas para o figurino de Aurora, então compramos um vestido de noiva usado em um brechó. Pagamos apenas 35 dólares! Eu estava ansiosa para ver mamãe cortar o vestido de renda marfim em pedaços e mergulhá-los em um banho de anilina cor-de-rosa. Depois, observei, fascinada, enquanto ela costurava os pedaços para fazer um tutu lindo, quase idêntico aos utilizados pelas companhias famosas no Primeiro Ato de *A bela adormecida*. Como toque final, ela costurou milhares de cristais minúsculos no tecido.

Fiquei embasbacada quando ela me mostrou o tutu pronto.

"É lindo!"

Eu estava tão inspirada pela beleza combinada do tutu, da coreografia e da música de Tchaikovsky que acho que foi minha melhor apresentação no YAGP aquele ano. Desde então, anseio interpretar esse papel em uma produção profissional de *A bela adormecida*.

O YAGP de Torrington, Connecticut, naquele ano foi a melhor experiência que já tive na competição. Ganhei dois prêmios e, ironicamente, recebi pontuação de cem por cento de um dos jurados na dança moderna — da qual eu nem gostei tanto. Na minha opinião, porém, o destaque foi a coreografia do pirata. Para nossa surpresa, Mia e eu ganhamos uma pontuação global de 95 por cento! Alta o suficiente para nos qualificarmos para as finais em Nova York!

Depois do YAGP, participei da audição para o programa de ensino fundamental na Rock School e fui aceita com uma bolsa integral. Eu havia passado a infância com os professores e as crianças da Rock School, e mal podia esperar para vê-los em setembro. Por isso, me inscrevi para dançar no YAGP na Filadélfia na primavera, pensando que poderia experimentar um pouco mais.

"Você não pode ser premiada na Filadélfia, porque já ganhou prêmios em Connecticut", avisou mamãe.

"Tudo bem. Não quero ser premiada", eu disse.

Treinei sozinha para aprender uma variação clássica diferente e coreografar uma nova dança contemporânea.

Não queria que mamãe tivesse mais trabalho com figurinos, então eu mesma costurei a maior parte, imaginando que, se eu sabia costurar fitas em minhas sapatilhas de ponta, saberia costurar as fantasias mais fáceis.

Escolhi uma música que combinasse com trajes drapeados, porque usar uma máquina de costura mostrou ser muito mais difícil do que havia imaginado. Eu tinha medo de costurar meus dedos no tecido, mas acabei conseguindo.

Usei um monte de tinta e cola no figurino, mas a costura aguentou por tempo suficiente para que eu me apresentasse. Minhas duas coreografias próprias receberam pontuação suficiente para me levar a Nova York, por isso optei naquele ano por dançar o contemporâneo da competição da Filadélfia e a Princesa Aurora da de Connecticut para as finais do YAGP de Nova York.

Na Filadélfia, foi muito bom ver todos os meus velhos amigos e ex-professores. Eles me fizeram sentir que eu fazia parte da escola de novo. Abracei e aplaudi muito durante os dois dias que passei lá, sentada na plateia com as crianças da Rock School. Quando fui para Nova York, no mês seguinte, para a fase final, estive com eles de novo.

— *Capítulo 29* —
UM VERÃO NO ABT

Antes que eu me desse conta, já era verão e hora de ir para Nova York para o intensivo do ABT. Mia havia decidido estudar linguagem americana de sinais em Nova York, assim, no outono, ela poderia trabalhar com crianças em um programa regional para surdos perto de nossa casa, em Vermont. Ela também se matriculou em um intensivo de piano para adolescentes no Hunter College e em outro na 3rd Street Settlement Music School. Foi puro acaso que o apartamento que alugamos tivesse um piano no meio da sala de estar. O piano encantou Mia e também os nossos vizinhos idosos, que pareciam gostar de ouvir sua música.

Todas as manhãs Mia e mamãe me acompanhavam aos estúdios da ABT, na 20th Street com a Broadway, e me encontravam lá no fim da tarde para voltarmos a pé para casa. Sempre descobríamos lojinhas no caminho, e adorávamos explorá-las juntas.

Apesar do atrativo das lojas, feiras de rua, mercados de agricultores e restaurantes, minha vida em Nova York naquele verão girava em torno do balé. Eu não podia me dar o luxo de perder o foco.

A concorrência é feroz para as companhias de classe mundial, de primeira linha. Essa deve ser a única carreira na qual se começa a treinar na fase pré-escolar. Milhões de criancinhas começam a fazer balé, mas, à medida que envelhecem e se distraem com outras coisas, o número de interessadas diminui. A maioria das alunas larga as aulas quando chega ao fim do ensino fundamental porque querem ter uma vida social típica; desenvolvem interesses diferentes que exigem mais atenção; querem fazer esportes; ou os corpos mudam. Nesse momento, elas podem chegar à conclusão de que simplesmente não nasceram para ser bailarinas profissionais. Se dançam, é como exercício e por prazer. Elas costumam fazer jazz ou dança moderna, cujos critérios são mais tolerantes. Mas nada disso acontecia no ABT, onde todas as crianças eram tão apaixonadas pelo balé quanto eu.

Quando entrei no estúdio em meu primeiro dia de aula, fiquei atordoada. Eu havia conhecido a maioria das alunas no YAGP. Diferente de qualquer outra classe que eu já houvesse experimentado, em cada aluna havia uma excelente dançarina. Cada uma estava lá para se tornar ainda melhor e seguir carreira na dança clássica. Embora algumas de nós ainda tivessem progressos a fazer, minha classe no intensivo de verão do ABT estava cheia de adolescentes que levavam a dança muito a sério. Tinham o corpo, o talento, o espírito competitivo e o foco para se tornar bailarinas profissionais.

No intensivo, ninguém parava desnecessariamente para ir ao banheiro. Ninguém interrompia as aulas com palhaçadas. Ninguém reclamava. Sabíamos o que estávamos fazendo ali, e fazíamos. Eu podia sentir o cheiro da competitividade saindo pelos poros de minhas colegas de classe, junto com o suor do trabalho árduo. No entanto, apesar da competitividade, ninguém jamais foi rude com outra dançarina na classe. Ninguém era *prima ballerina* aos 13 ou 14 anos. O programa incutia em nós um senso de corpo de baile, e era esperado que fôssemos civilizadas, gentis e humildes.

Eu havia aprendido muitos truques no balé. Um exemplo eram as múltiplas piruetas, às vezes oito ou mais, ou arabescos superiores a noventa graus. Esses passos não são necessários para nenhuma coreografia clássica do mundo, mas, como crianças, muitas vezes nos sentíamos tentadas a nos exibir e superar umas às outras. Imediatamente eu soube que o ABT não queria que fizéssemos truques. Em vez disso, esperava que desenvolvêssemos a técnica apropriada para nossa idade, o controle sobre nossos corpos e a arte. Por isso, muitas vezes trabalhei bastante em algumas das etapas mais fáceis, como segurar um arabesco a 45 graus, quando na verdade queria levantar a perna a noventa, ou fazer um *passé* para que meu dedo tocasse minha perna precisamente no lugar certo. Eram passos que eu havia aprendido anos antes, mas que naquele verão nós aperfeiçoamos.

Eu me esforcei tanto, e transpirei tanto naqueles estúdios quentes, que usava um par de sapatilhas de ponta por dia. A maioria das marcas fabrica sapatilhas de ponta de pasta de papelão, papel e cetim. O suor as deixa encharcadas. Um par custa mais de cinquenta dólares, por isso eu tentava de todo jeito salvar as sapatilhas estragadas. Eu as pendurava na frente do ar-condicionado ou do ventilador até secar o suor. Depois, colava a estrutura para reforçar. Consertava as pontas. Se eu tivesse sorte, poderia usá-las por mais meio dia.

O ABT nos vendia ingressos para seus espetáculos de quinta à noite ao preço acessível de 12 dólares. Assim, quando não estávamos em aula, consertando nossas sapatilhas ou lavando os três colantes e pares de meias que encharcávamos todos os dias, fazíamos amizades frequentando o balé à noite. Muitas vezes fazíamos festas do pijama, ríamos a noite toda, mas acordávamos cedo e íamos juntas começar mais um dia de trabalho duro.

Meus amigos eram do Canadá, Japão, Inglaterra, China, México e partes distantes dos Estados Unidos. Quando eu era mais nova, perguntara uma vez a uma professora como ela conhecia todas as bailarinas do mundo. Naquele verão, tive a resposta. As amigas que fiz nos intensivos de verão vinham do mundo todo. À medida que fôssemos crescendo e entrando nas companhias, nós nos lembraríamos das amizades que fizemos quando éramos crianças. Então, descobri em mim uma consciência e um senso de camaradagem que não conhecia antes. Reconheci que seríamos amigas e concorrentes não só agora, mas também no futuro, quando fizéssemos parte dos corpos de baile do mundo.

A maioria das minhas amigas foi embora no final de julho, mas eu fiquei para trabalhar por duas semanas como professora assistente no workshop de verão para jovens dançarinos do ABT. Tive a sorte de trabalhar com Franco De Vita, diretor da Jacqueline Kennedy Onassis School no ABT. É difícil descrever como me senti. Em uma sexta-feira eu era aluna, uma das crianças treinando no ABT. E na manhã de segunda-feira eu era adulta, uma das professoras assistentes.

Àquela altura da minha vida eu era uma das crianças mais novas da família. Como tal, eu nunca havia trabalhado com crianças mais novas, e temia ser impaciente com elas. Peguei uma classe de alunos de 8 anos, e para mim foi uma grande surpresa descobrir que amava trabalhar com aqueles jovens dançarinos. Até voltei para dar aula no ano seguinte.

— *Capítulo 30* —
MEU ANO DE ANGÚSTIA

Mamãe, Mia e eu mal chegamos da área mais lotada do estado de Nova York e logo pegamos nossos apetrechos de acampamento e nos dirigimos à parte mais remota, as montanhas Adirondack. Acampamos às margens de um lago, onde passei as duas últimas semanas do verão nadando, caminhando, andando de caiaque e observando mergulhões com Amie, Mariel, Mia e meus pais. Parecia que nossos dias no lago e as noites em volta da fogueira assando cachorro-quente e marshmallows haviam passado rápido demais.

Antes de me dar conta, estávamos em casa de novo e eu estava fazendo as malas para meu novo semestre na Rock School. Na viagem até a Filadélfia, minha cabeça dava voltas. Eu estava agitada. Amava o balé loucamente, mas estava começando a reconhecer os sacrifícios que meus pais faziam em nome do meu futuro. Pouco antes de sairmos, soube que meu nono ano na Rock School, bem como minhas sapatilhas de ponta, alojamento e alimentação, custariam à minha família duas vezes mais que a hipoteca daquele ano.

Certa manhã, um vizinho disse a meus pais que havia acabado de se aposentar. Ele ia para a Flórida e queria que ficássemos de olho na sua casa. Quando papai estava saindo para o trabalho, perguntei:

"Pai, você tem mais de 60 anos. Quando vai se aposentar?"

Ele riu.

"Mamãe, por que vocês adotam tantas crianças?", perguntei.

"Qual de vocês nós devíamos ter deixado no orfanato? Você?", perguntou mamãe.

Esse pensamento me fez sentir calafrios.

"Talvez... talvez eu devesse parar de fazer aulas de balé, assim o papai poderia se aposentar", falei, sem saber bem qual seria a resposta da mamãe.

"Essa não é a sua paixão, o seu sonho?", ela questionou.

"Claro", respondi.

"Então, concentre-se na dança. Nós vamos nos aposentar um dia, mas certamente não agora."

À medida que nos aproximávamos da Filadélfia, eu pensava nos sacrifícios que eu mesma havia feito para poder me tornar bailarina. Quando criança, eu adorava tanto o balé que até recusava convites para festas de aniversário para não faltar às aulas. Eu abrira mão da natação e da escola pública. Agora, parecia que estava abrindo mão do tempo que podia passar com minha família em nome da minha paixão.

Perguntei a mim mesma: *E se eu acordar um dia e decidir que odeio o balé? Será que vou me arrepender dos sacrifícios que fiz?* Por mais que eu tentasse imaginar esse dia, não conseguia. Eu sentia que a dança estava nos meus ossos e no meu sangue. A dança era eu. Eu abriria mão do ar que respiro antes de desistir do balé.

Quando chegamos à frente da Rock School, eu estava cheia de otimismo, nas nuvens. Tinha certeza de que seria como viver no paraíso e que teria um ano perfeito. Mas, assim que meus pais me ajudaram a descarregar as malas e se despediram, pus os pés no chão. Na manhã seguinte, eu estava péssima. A divisão dos quartos era por idade, por isso minha grande amiga Ashley estava em um quarto diferente. Embora minha nova colega de quarto e eu tenhamos nos tornado amigas depois, naquela época não nos conhecíamos. Com quem eu poderia falar até tarde da noite quando me sentisse insegura?

Para piorar a situação, uma das adultas em nosso alojamento me fazia lembrar tia Fatmata, e era assim que eu me referia a ela em minha mente. Eu tinha certeza de que ela me odiava. Isso me fazia ter saudades de casa e me sentir como o número 27 de novo.

Levei alguns meses para saber que a maioria das outras meninas achava que "tia Fatmata" as odiava também. Ela nos deixava de castigo por um mês, mesmo por pequenas infrações. Eu tinha 13 anos e era meio rebelde nessa idade, por isso havia momentos em que quebrava as regras. Eu esperava ser punida por isso, mas, assim que eu aprendia as regras, "tia Fatmata" criava novas, e muitas vezes não nos falava delas até que nós as quebrávamos. Lembro-me de ter recebido um mês de castigo por ter comido uma barra de cereais no salão, e mais um mês por dividir meu muffin com outra aluna. Para mim, a única coisa boa desses castigos era que nós os cumpríamos estudando, então eu estava muito à frente na escola e minhas notas eram excelentes, resultado de tantas punições.

Eu era uma das crianças mais novas. Com exceção de meus primeiros anos na África, eu havia sido protegida por meus pais ao longo da vida, e agora estava cercada por adolescentes mais velhos. Alguns deles me puseram debaixo de suas asas. O que eles me ensinaram teria deixado meus pais de cabelo em pé, mas naquela época eu realmente acreditava que as crianças mais velhas sabiam de tudo.

Naquele ano, aprendi com uma aluna mais velha que o álcool misturado com uma bebida energética relaxava os músculos, aliviava o estresse causado pela "tia Fatmata" e aliviava a dor da tendinite. Alguém sugeriu que eu experimentasse a mistura uma vez, fora do campus. Experimentei e nunca mais tentei de novo, porque passei muito mal.

Uma das meninas mais velhas recomendou uma dieta à base de chá para perder peso. Tentei segui-la por um dia, e tremia tanto que mal conseguia ficar *en pointe*. Achei que estivesse com alguma doença terrível e liguei para minha mãe.

Outra pessoa me disse que fumar ajudava a relaxar, e tinha a vantagem de ajudar a perder peso. Mas, como o chá, o cigarro me fazia tremer. Também me deu dor de garganta e asma, e nada disso me ajudou a relaxar.

Uma menina recomendou pular refeições, tomar laxantes e vomitar depois de comer a fim de me manter magra.

Muitas vezes eu a vi cortar a comida em pedacinhos e espalhá-la no prato para parecer que havia comido. Quando eu era pequena vivi a fome e a disenteria, sabia o que era não ter o que comer ou vomitar até quase morrer; por isso decidi não controlar meu peso desse jeito.

Papai trabalhava em Nova Jersey, por isso ia me visitar uma vez por semana. Em uma das visitas, ele suspirou:

"Michaela, eu sei que você vai achar difícil de acreditar, mas existe uma razão para que haja uma idade mínima para fumar e beber."

Senti tanto remorso quando vi a decepção em seus olhos!

Minha frase favorita sempre foi: "Seja fiel a si mesmo." E ser fiel a mim mesma significava me dedicar ao balé e não deixar que nada atrapalhasse a conquista dos meus objetivos.

Eu havia sido colocada no nível mais alto da Rock School, e achava que precisava provar a mim mesma que aquele era o meu lugar. Os testes para *O quebra-nozes* daquela escola estavam chegando. Eu me esforcei muito para me preparar; queria dançar com perfeição para conseguir o papel que desejasse.

"Não fique desapontada se não conseguir", alertou Mia em um dos meus telefonemas para casa. "Você é caloura ainda. A Fada do Açúcar deve ficar para as meninas mais velhas."

No dia dos testes, estava claro para mim que as meninas mais velhas e mais altas seriam a Rainha da Neve, a Fada do Açúcar e ficariam com a Dança Árabe. As crianças dos níveis mais baixos seriam Clara, crianças da festa,

Soldados e Polichinelos. Eu suspeitava que seria uma flor na "Valsa das flores", ou um Floco de Neve. *Sorria. Mostre-se feliz. Dê o seu melhor*, eu dizia a mim mesma. *Você vai ter outras oportunidades no futuro.*

Quando o elenco foi anunciado, vi que havia ganhado o papel da fada Gotas de Orvalho. Eu estava mais familiarizada com *O quebra-nozes* de Balanchine, por ter assistido ao vídeo praticamente todos os dias com Mia quando era pequena. Nesse balé, a fada Gotas de Orvalho é o personagem principal da "Valsa das flores", e fica passando na ponta dos pés por entre as flores enquanto dança seu solo. Como ela é apenas uma minúscula gota de orvalho sobre as pétalas das flores, tem que ser pequena e delicada. Meu maior desejo como bailarina era ser delicada, por isso fiquei muito grata ao receber esse papel — delicado, mas desafiador.

Quando os ensaios começaram, fiquei chocada ao descobrir que, em *O quebra-nozes* da Rock School, a Gotas de Orvalho dança entre os outros personagens durante a maior parte da peça e tem dois solos bem longos. Ia ser puxado aprender todos os movimentos dela com dois elencos diferentes, e ao mesmo tempo aprender uma variação clássica de *La Esmeralda* e a dança contemporânea para o YAGP Filadélfia 2009, no início de janeiro. Mas eu adorava um desafio.

Meus pais foram me ver em *O quebra-nozes*. Mamãe me contou depois:

"Enquanto esperávamos na plateia durante o intervalo, a Srta. Stephanie veio correndo nos dizer que você estava machucada, que talvez não fizesse o segundo ato. Ficamos arrasados, mas dissemos que, com o YAGP se aproximando, você precisava se cuidar."

Nem mesmo a Srta. Stephanie sabia que eu ia dançar, e eu entrei no palco sorrindo. Meu tornozelo estava inchado e dolorido, mas não deixei transparecer a dor. Eu nunca permitiria que a plateia notasse como eu me sentia. Mesmo aos 13 anos, eu acreditava que o público deveria pensar que a combinação mais complicada de passos é fácil, e que as provações e atribulações pessoais de uma bailarina não devem ficar aparentes em sua expressão. Então, fiquei muito feliz ao executar perfeitamente o segundo ato, como se não tivesse nenhuma preocupação no mundo. Depois do espetáculo eu pude gemer à vontade; coloquei gelo no tornozelo e fui mancando cumprimentar meus pais.

Eu me recuperei em casa, durante o recesso do fim do semestre, e voltei duas semanas depois, pronta para competir no YAGP. Sempre quis apresentar *La Esmeralda* em uma competição, apesar de essa variação, dançada com um pandeiro na mão, atrair críticas. A Srta. Natasha, que foi minha treinadora mais uma vez, advertiu:

"O pandeiro não é apenas um adereço, é parte de sua coreografia. Se não o usar artisticamente, os juízes vão acabar com você!"

De todas as coreografias clássicas aprovadas para o YAGP, *La Esmeralda* era a mais difícil, por causa do *staccato* da música. Quando eu dançava essa variação, era tentador mover o corpo de forma rígida para acompanhar o *staccato*, mas isso me faria parecer estúpida como uma marionete.

Esmeralda é uma cigana pobre que está apaixonada. Quando dancei essa peça, me concentrei em fazer meu corpo e membros se moverem suavemente. Fiz um esforço para flertar com o público, assim meu personagem seria mais interativo e menos mecânico.

No dia da competição, fiz o meu melhor. Eu sabia que havia deixado meu calcanhar descer durante uma pirueta e, embora eu houvesse dançado para a plateia, e ela tivesse adorado, eu não tinha certeza de que os juízes tivessem gostado. Por isso, fiquei maravilhada quando ganhei o Youth Grand Prix, o maior prêmio para minha categoria.

— *Capítulo 31* —
FIRST POSITION

No outono do meu primeiro ano escolar na Rock School, recebi uma carta do ABT informando que eu havia sido nomeada National Training Scholar. Isso significava que eu havia ganhado uma bolsa integral para o intensivo de verão do ABT 2009, em Nova York. A bolsa cobria todas as despesas. Naquele ano, os alunos do intensivo de verão ficariam em um alojamento da faculdade. Então, em 2009, aos 14 anos, passei uma temporada em Nova York sem minha mãe e minha irmã.

Enquanto eu estava fora, minha família se mudou para uma casa que ficava do outro lado da rua da escola que minhas irmãs frequentariam. Era uma casa maior, e o momento foi perfeito. Embora Amie, já adulta, estivesse morando sozinha, a família ganhou mais duas crianças naquele verão.

Bernice e Jestina, ambas de 9 anos, eram filhas adotivas de meu irmão Adam e sua esposa, Melissa. Antes da adoção, em 2003, as duas moravam em um orfanato na Libéria, um dos lugares mais pobres e abandonados do mundo. O caos reinava naquele orfanato, com 295 crianças e um único cuidador. Elas chegaram a Adam e Melissa quase como meninas selvagens.

Sem qualquer experiência com crianças e nenhum treinamento formal, Adam e Melissa haviam chegado a um beco sem saída com as meninas. Quando eles se separaram, os cuidados e a educação de Bernice e Jestina se complicaram ainda mais, então meus pais aceitaram a tutela das crianças.

Assim que voltei do intensivo de verão do ABT, esforcei-me para recuperar o tempo perdido e aprender a linguagem americana de sinais, utilizada pela família com Bernice, que era surda. Ao contrário de Mia e Mariel, eu não tinha talento para a linguagem de sinais, mas Bernice e eu criamos laços quando eu ensinei balé a ela, ligando o aparelho de som no deque para que o piso de madeira reverberasse com as batidas. Bernice tinha uma habilidade tão natural para a dança que foi uma pena que sua surdez a impedisse de se profissionalizar.

Um dos problemas de ensinar alunos surdos é que a música precisa estar muito alta para que eles a sintam. Poucas escolas de dança podem fazer isso. O volume incomodaria os outros alunos e professores.

Eu teria adorado dar aulas para ela o ano todo, mas o verão estava chegando ao fim e eu logo teria que voltar à Filadélfia. No entanto, minha experiência com Bernice me convenceu a incluir alunos surdos quando eu tivesse meu próprio estúdio, um dia.

Durante o verão, eu soube que "tia Fatmata" não voltaria. Fiquei muito aliviada com isso, mas ainda arrasada por voltar à Filadélfia. Viver longe da minha família era doloroso. Eu nunca teria feito isso por nada além do balé.

Eu estava pensando nisso tudo quando a cabeça de mamãe apareceu na porta entreaberta do meu quarto. Ela disse que havia recebido um e-mail de uma mulher chamada Bess Kargman, que estava produzindo um documentário sobre balé.

"Ela perguntou se você gostaria de participar", disse mamãe.

"Você confia nela?", perguntei.

"Sim. Ela foi recomendada pelo YAGP. Recebeu autorização para acompanhar algumas das crianças que competiram, se os pais dessem permissão", explicou mamãe.

Achando que se tratava apenas de uma breve entrevista, concordei. Quando voltei à escola, Bess começou a andar atrás de mim com a câmera e a equipe. Naquela época, eu era muito tímida e não gostava de câmeras, e Bess queria me filmar fazendo de tudo. Ela me seguia, gravando minhas refeições, aulas e ensaios. Me seguiu até em casa para entrevistar meus pais e irmãos. Me acompanhou nos bastidores durante as competições também. Às vezes, quando ela chegava, eu me escondia no armário esperando que ela fosse embora se não me encontrasse.

"Michaela, você sempre falou de seu desejo de mostrar ao mundo que meninas negras podem ser bailarinas também. Talvez o documentário de Bess a ajude a conseguir isso", mamãe refletiu.

Pensei seriamente nisso e decidi ficar mais disponível para Bess. Mesmo com um propósito em mente, porém, eu ainda achava difícil participar das filmagens de *First Position*.

No orfanato, eu havia aprendido a ser forte e a esconder meus sentimentos, por isso não estava acostumada a me expressar abertamente. Quando Bess chegou, ela queria que eu compartilhasse o que sentia. Ela percebia quando eu não era sincera. Fazia perguntas difíceis e exigia honestidade, especialmente quando me perguntava sobre minhas experiências de guerra em Serra Leoa e a vida no orfanato.

As lembranças que eu tinha de meus primeiros anos eram dolorosas. Só de pensar nos *debils* e nos cadáveres que enchiam as ruas da minha terra, tinha pesadelos. Muitas vezes cheguei às lágrimas durante as filmagens do documentário. Depois de uma entrevista, eu tinha dificuldade para dormir durante dias. Uma vez revelei a ela o meu nome de batismo. Depois, me senti mal. Fiquei preocupada com isso durante meses. Como Bangura é o nome mais comum em Serra Leoa, eu temia que alguém com esse nome alegasse ser parente meu e me tirasse de minha família americana.

A câmera curiosa de Bess me captava em momentos de alegria também, como quando fui ver meus pais depois de meu bom desempenho no YAGP 2010, na Filadélfia; e momentos de diversão, como em um piquenique no deque de nossa casa em um dia excepcionalmente quente de primavera. Ela me captava em momentos de desespero, quando tive uma tendinite nas finais do YAGP de Nova York. Antes de pisar no palco, eu precisava de um tempo para me concentrar, mas Bess estava lá com sua câmera. *Lembre-se: você pode alcançar as pessoas e mostrar a elas que as meninas negras podem ser bailarinas também* — era o que eu dizia a mim mesma sempre que me sentia constrangida sob o olhar da câmera.

Enquanto me mostrava para Bess, eu também olhava para dentro de mim mesma e começava a analisar minha personalidade. Resolvi que não gostava da menina rabugenta, mandona e egoísta que às vezes aparecia, especialmente porque esses aspectos de minha personalidade interferiam em minha dança. Eu me esforçava para ter um estilo forte e ao mesmo tempo suave, delicado e gracioso. Quando Bess me filmou eu tinha 14 anos e já tinha uma excelente técnica, grande força e agilidade; mas me faltava delicadeza, suavidade e graça.

Eu sabia que precisava mudar minha postura se quisesse alcançar meus objetivos no balé, mas não tinha ideia de como fazer isso. Nos estúdios da Rock School, a Srta. Stephanie se esforçava para fazer aflorar o lado mais suave de minha dança e personalidade, mas aos 15 anos eu sentia que ainda não conseguira o suficiente.

No YAGP de 2010, ganhei uma bolsa integral para o ano todo na Jacqueline Kennedy Onassis School, ou JKO, no ABT. Bess registrou esse momento em *First Position*, e eu estou radiante na cena. A bolsa cobriria tudo: casa, comida, alimentação... Tirava um fardo pesado das costas de minha família.

No entanto, quando as pessoas discutem *First Position* comigo, vejo que não é do brilho de meu rosto feliz que se recordam.

Fiquei consternada quando Bess me filmou sentada, com o pé embalado em gelo, pouco antes de eu me apresentar em uma competição, e é essa imagem que muitas pessoas guardam. Ela mostra ao mundo que as lesões e dores são fatos da vida para as bailarinas. Simboliza todos os sacrifícios que fazemos pela nossa arte.

Muitas pessoas que assistiram ao documentário de Bess me perguntam como eu me machuquei e por que continuei dançando naquele dia. Digo que aquelas lindas sapatilhas de cetim que eu havia desejado desde os 4 anos não são calçados resistentes. É comum que uma bailarina, ao aterrissar ou rodar, torça o tornozelo ou machuque um tendão. Meu ponto fraco era o tendão de Aquiles. Em *First Position*, corri o risco de ser eliminada do YAGP por causa da lesão. A decisão foi inteiramente minha. Perguntei a mim mesma: *devo dançar ou desistir?*

Meus professores recomendaram que eu abandonasse a competição. Estavam preocupados com os efeitos de longo prazo de dançar com um pé machucado. Eu só estava preocupada em ganhar uma bolsa para uma escola que todo bailarino queria frequentar. Uma escola que me guiaria para meu maior sonho.

Naquele dia, espremi o pé inchado dentro da sapatilha de ponta e fingi que o tendão não doía. Entrei no palco e fiz uma variação que exigia muitos *grands jetés*. Quando me perguntam como fiz aquilo, sinceramente não sei responder. Acho que, quando pisei no palco e ouvi o murmúrio do público, recebi tamanha descarga de adrenalina e alegria que não percebi a dor.

— *Capítulo 32* —
CRESCENDO

Em algum momento entre os 15 e os 18 anos eu cresci, tanto como ser humano quanto como dançarina. Mas não aconteceu de uma vez. Frequentei os programas do ABT, tanto o intensivo de verão quanto o anual, na JKO. O primeiro ano foi turbulento para mim. Teve seus altos e baixos — emocional, física e artisticamente. Eu achava muito difícil expressar a arte e a emoção necessárias para meus papéis, e isso frustrava não só a mim, mas a alguns dos professores também. Às vezes eu queria explodir em lágrimas na sala de aula porque sentia a decepção deles.

Sempre fui muito simples e prática. Atuar era difícil para mim, e as bailarinas precisam ser boas atrizes no palco. Quando passei de adolescente a jovem mulher, porém, finalmente encontrei a arte que me faltava. Também adquiri a graça que me faltava aos 13 anos e a tornei parte da minha dança e da minha vida diária.

Quando eu era mais nova, fingia que era grande escondendo meus pensamentos, meus sentimentos e meu comportamento dos meus pais. Eu achava que isso era ser adulta. Ironicamente, descobri que, ao crescer, fiquei mais próxima deles. Aos 13 anos eu procurava os conselhos dos meus amigos, mas eles geralmente não eram muito úteis. Aos 18, procurava meus pais. Eu achava que eles me aconselhavam muito melhor, especialmente sobre saúde, dinheiro e muitas outras questões complicadas relacionadas ao mundo dos adultos que eu enfrentava naquele período.

Felizmente, minha família conseguiu se mudar para Nova York quando eu tinha 16 anos. Quando completei 17 e consegui um emprego em uma companhia profissional em Nova York, pude enfim dividir um apartamento com uma amiga. No entanto, eu mesma me surpreendi ao optar por continuar morando com minha família por mais um ano.

Sempre ouvi dizer que as bailarinas profissionais negligenciam os estudos a fim de atingir seus objetivos na carreira. Mas de jeito nenhum eu faria isso. Minha família valorizava demais a escola. Papai dizia:

"Imagine se um táxi a atropelar amanhã e você nunca mais puder dançar. O que você vai fazer se não tiver um diploma?"

Que pensamento horrível! Eu não queria pensar que algo assim poderia acontecer, mas papai me obrigou a pensar, de modo que eu me esforçava na escola. Fiz um excelente curso a distância durante quatro anos. Muitas vezes os amigos que frequentavam escolas públicas ou privadas comentavam que eu tinha sorte, que era fácil fazer as tarefas quando fosse conveniente para mim. Eu ria. Cada ano escolar vinha com um livro grosso e pesado. E, ao contrário das escolas comuns, onde os professores muitas vezes pulam algumas páginas ou capítulos, minha escola exigia que os alunos lessem cada palavra de cada página de cada livro, e as provas eram feitas para garantir que havíamos lido. Cada seção e cada capítulo eram acompanhados por testes e questões dissertativas.

Como eu temia aquelas questões dissertativas! Escrevi pelo menos duzentos ensaios por semestre. Eu odiava tanto aqueles ensaios que escolhi pré-cálculo como matéria eletiva, só para evitá-los. Mas descobri que o curso de pré-cálculo incluía um grande trabalho de pesquisa que exigia toneladas de redação. Quando por fim me formei, com louvor, em 2012, fiquei orgulhosa do que realizei e aliviada por não ter mais que enfrentar os ensaios de cinco parágrafos tarde da noite depois de dançar o dia todo.

Eu era uma jovem típica em muitos sentidos. Quando tinha 13 anos, passei a maior parte das férias de inverno chorando por causa de um menino que dissera que gostava de mim um dia e mudara de ideia no dia seguinte. Certa vez, perguntei a mamãe:

"Como vou saber se um menino me ama?"

Ela disse:

"Ele vai ser seu amigo e fazê-la feliz. Vai lhe dar espaço e ser fiel a você. Vai respeitar suas escolhas. Vai deixar você voar e não tentará cortar suas asas."

Então, ela concluiu com um sorriso:

"E ele nem sonharia em fazer você chorar nas férias."

Quando eu tinha quase 17, apesar das muitas horas no estúdio e das noites em casa com meus livros, consegui encontrar tempo para me apaixonar. Tive sorte de me encantar por um rapaz que era capaz de fazer todas as coisas que mamãe havia descrito para mim. Seu nome é Skyler; ele é bailarino e coreógrafo. Skyler entende que o balé é importante para mim e me apoia enquanto viajo pelo mundo. Nós compartilhamos sonhos para o futuro. Um deles é dançar um dia na mesma companhia e ser parceiros no *pas de deux*.

Foi uma sorte eu ter amadurecido emocionalmente. Sem essa maturidade, eu provavelmente não poderia ter lidado com todas as mudanças que aconteceram na minha vida depois do lançamento de *First Position*, em setembro de 2011.

— *Capítulo 33* —
DEPOIS DE *FIRST POSITION*

Em agosto de 2011, *First Position* foi aceito no Festival de Cinema de Toronto. Bess deu um jeito para que Mia e eu o víssemos antes da estreia. Lágrimas corriam pelo meu rosto ao assistir ao filme pela primeira vez. Não chorei por causa da narração de minha história, da lembrança da dor de dançar machucada, ou por ter ganhado uma bolsa de estudos. Chorei porque foi avassaladora a emoção que o filme desencadeou. Eu sabia que minha vida estava prestes a mudar de uma maneira que não poderia prever, e isso me assustou. Eu era uma pessoa muito reservada; me abrira para Bess, mas sabia que agora os outros esperariam isso de mim também.

Além do Festival de Cinema de Toronto, Bess foi convidada a participar com *First Position* de outros eventos, e seu filme foi indicado a vários prêmios, incluindo o NAACP Image Award. O documentário ganhou a atenção do mundo todo. Logo todos o estavam vendo, inclusive produtores de programas de TV, imprensa e diretores artísticos das companhias de balé.

À medida que a fama do filme se espalhava, o interesse em mim como pessoa e bailarina foi crescendo. De repente, jornais, revistas e programas de entrevistas começaram a entrar em contato comigo. Eu me perguntava o que devia fazer. Podia me esconder deles ou aceitar os convites. Eu sempre quis ser um modelo para as meninas e uma promotora de mudanças, e lá estava minha oportunidade, bem na minha frente.

Graças a *First Position*, tive a sorte de ser destaque em revistas de qualidade, como *Marie Claire* e *Vogue Teen*. A seguir, chegaram convites para programas de TV. Fui entrevistada no *Good Morning, America*, da ABC, e no *Nightline*. Em abril de 2012 fui a artista convidada no *Dancing with the Stars*, e viajei de avião com mamãe para Los Angeles. Logo consegui controlar minha timidez e curtir essas experiências maravilhosas. Mesmo sendo algumas tão emocionantes, meu foco ainda era a dança, por isso o resultado mais maravilhoso da atenção que recebi desde o lançamento de *First Position* foi um convite de Dirk Badenhorst, diretor do South African Mzansi Ballet.

O Sr. Badenhorst viu *Fisrt Position* e pediu permissão para me assistir durante uma das aulas na JKO. Inicialmente, tudo que eu sabia sobre seus planos era o que o diretor da JKO me disse:

"Dirk Badenhorst, da África do Sul, estará na sala para observar você."

Quando soube, depois da aula, que o Sr. Badenhorst queria que eu dançasse o papel principal em *O Corsário*, como convidada de sua companhia, fiquei em choque. Imediatamente telefonei para mamãe do camarim, mas estava tão empolgada que não percebi que ela não entendia nada do que eu dizia. Quando por fim cheguei em casa, minha família ficou assustada com a possibilidade de eu ir para a África do Sul sozinha.

Mais tarde, mamãe se aproximou de mim com uma pasta. A etiqueta dizia "Adoção africana". Ela disse:

"Eu pretendia lhe dar isto quando você fizesse 18 anos, mas, se vai viajar para a África, acho que deve estar ciente do que há nestes papéis."

Então, ela me mostrou uma série de artigos sobre um grupo de crianças de Serra Leoa cujos pais alegavam que seus filhos haviam sido roubados durante a guerra. Diziam que as crianças haviam sido traficadas para os Estados Unidos e vendidas a americanos brancos.

Mia, Mariel e eu estávamos na lista. Comecei a protestar:

"Isso não é verdade", reclamei. "Este homem que está dizendo ser o pai de Mia... não pode ser. Ela me disse todas as noites que havia visto seu pai ser atropelado por um caminhão cheio de *debils* sorrindo."

Comecei a tremer, temendo descobrir que tio Abdullah estava tentando me levar de volta.

Continuei lendo e, quando vi que uma mulher com o sobrenome Bangura era listada como minha mãe, fiquei indignada.

"O nome desta mulher que afirma ser minha mãe... esse não é o nome da minha mãe." Eu tinha o sobrenome do meu pai, mas o da minha mãe era diferente. E eu vi o corpo de mamãe, eu..."

Comecei a chorar, não tanto de tristeza quanto de raiva e frustração por aquelas pessoas se manifestarem agora, quando já éramos quase adultas, e insistirem para que voltássemos a um mundo que desconhecíamos.

"Sim, você deve estar certa sobre seus pais", concordou mamãe. "Papa Andrew me disse que seus pais morreram, e que você ficou com sua mãe até o fim."

Então, ela perguntou a nós três:

"Vocês querem continuar com isto? Papai e eu estamos dispostos a ajudá-las se quiserem entrar em contato com essas pessoas que afirmam ser seus pais. Quero que vocês pensem bem nisso. Tomem. Peguem esta pasta, conversem entre si e pensem."

Mesmo que a mulher que reclamava Mariel fosse sua mãe biológica, ela se recusou a discutir o assunto conosco naquela noite.

"Sou muito feliz sendo Mariel DePrince", anunciou ela, que se virou para o outro lado e adormeceu.

Mia e eu ficamos acordadas até tarde, falando de Serra Leoa e dos artigos que mamãe havia nos dado. Percebemos que, uma vez fora da África e no coração de uma família amorosa, aquele país e toda a tristeza que havíamos vivido por fim haviam deixado de existir em nossa mente. No entanto, desde o lançamento de *First Position*, a mídia tocava no assunto com tanta frequência que tivemos que enfrentá-lo.

Muitos artigos criticavam a maneira como nossas adoções haviam acontecido. Elas eram descritas como tráfico de seres humanos e coisa pior. Em um blog, um ativista americano disse que teríamos ficado melhor com nossos pais biológicos. Isso me irritou. Nós tínhamos que nos esconder atrás de árvores para evitar ser baleadas por *debils*; havíamos chegado aos Estados Unidos tão doentes que provavelmente teríamos morrido se ficássemos na África por muito mais tempo. Precisei de uma cirurgia abdominal semanas depois de minha chegada. Mia e eu acreditávamos de verdade que nossas adoções haviam salvado nossa vida.

O que nos fez chorar naquela noite foram as anotações que mamãe havia feito quando lhe contamos sobre nossa vida na África como órfãs.

"É tão triste!", Mia chorava alto.

"Ah, essas pobres meninas. Que história triste!", eu disse, enxugando as lágrimas e fungando.

Mia arregalou os olhos e riu por entre as lágrimas.

"Michaela, nós somos essas meninas!"

Eu ria e chorava ao mesmo tempo.

"Éramos tão patéticas naquela época! Nossa vida era tão difícil; estávamos doentes o tempo todo. Mas eu mal me lembro disso. Quando eu penso na infância, me lembro do papai nos levando para ver *O quebra-nozes* e da mamãe fazendo biscoitos conosco."

"E as fogueiras. E Teddy nos jogando para cima e nos rodando na sala de jogos", disse Mia.

"E nos levando ao cinema e ao parque, e pedindo gostosuras ou travessuras", acrescentei.

"Lembra quando..."

Sem perceber, estávamos recordando Teddy e nossa infância nos Estados Unidos. Rindo e chorando com as memórias que havíamos acumulado durante 13 dos 17 anos de nossas vidas, percebi que havíamos perdido o foco.

"Mia, devíamos falar sobre Serra Leoa; em vez disso, estamos falando de nossa família."

Mia arregalou os olhos.

"Você ouviu o que disse?", ela perguntou.

Olhei para ela com um sorriso tímido.

"Sim, *nossa família*... Entendi."

Quando voltamos ao assunto de Serra Leoa, nossa discussão se centrou no que poderíamos fazer pelas pessoas de lá, especialmente as mulheres e crianças. Os meninos e meninas, mas especialmente estas últimas, não tinham oportunidade de estudar. A educação não era livre, e as famílias não podiam pagar as pesadas mensalidades escolares. Três quartos das mulheres não sabiam ler e escrever. Uma a cada oito mulheres morria no parto. Mais de noventa por cento das meninas de Serra Leoa sofriam mutilação genital. Recentemente, haviam sido aprovadas leis de criminalização do estupro e da violência doméstica, mas o país não tinha recursos para fazê-las cumprir.

"Então, qual vai ser sua resposta?", perguntou Mia. "Mamãe perguntou se você quer entrar em contato com as pessoas que afirmam ser membros de sua família."

"Não. Não estou interessada em encontrar parentes biológicos. Sou Michaela DePrince agora, e tenho sido há um longo tempo. Quando for mais velha, quero abrir uma escola livre de arte em Serra Leoa e dar aulas de balé naquele país."

"Eu posso ajudar. Vou levar um monte de instrumentos e dar aulas de música", completou Mia. "Mas não estou pronta para voltar agora... talvez daqui a vinte anos."

"Eu também não", murmurei. "Enquanto isso, podemos descobrir um jeito de arrecadar dinheiro para a educação em Serra Leoa."

Mesmo tendo definido quem eu era e o papel da África em minha vida, um dia antes de minha partida para a África do Sul acordei de madrugada suando e tremendo de medo. Meus sonhos haviam sido invadidos por memórias terríveis da África. Foi a primeira vez em muitos anos que os terrores da infância voltaram tão vivamente para me assombrar. Isso me fez pensar se eu estava preparada para retornar à África.

Mais do que qualquer outra coisa, eu temia ser sequestrada e voltar para a casa de tio Abdullah. Peguei meu notebook e pesquisei na internet. Descobri que de Joanesburgo, África do Sul, para Freetown, em Serra Leoa, eram cinco horas de voo. Peguei o enorme atlas que nosso irmão mais velho nos dera. Fiquei tranquila ao ver que o distrito de Kenema, onde eu havia nascido, ficava a dois terços de continente de distância de Joanesburgo, mais de oito mil quilômetros.

Quando dividi minhas preocupações com Mia, ela disse:

"Calculo que levaria pelo menos dez dias para alguém cobrir de carro essa distância. Não acho que compense o tempo ou a dificuldade para raptar você."

— *Capítulo 34* —
VOLTANDO À ÁFRICA

Apesar da tentativa de minha irmã de me tranquilizar, eu estava agitada e nervosa às 4h30 da manhã, hora de ir para o aeroporto. Eu ainda não havia entrado no avião quando liguei para mamãe para dizer que estava com saudades.

"Já?", ela riu.

A seguir, sua voz ficou séria:

"Está se sentindo bem?"

"Estou só com um pouco de medo, você sabe."

"Você vai ficar bem. Dirk Badenhorst me disse que ele e sua companhia vão cuidar bem de você."

Eu costumo dormir facilmente em qualquer veículo motorizado, mas estava nervosa e assustada demais para dormir durante a viagem de vinte horas para a África do Sul. Meus joelhos tremiam quando saímos, e assim continuaram, até que vi o rosto sorridente do Sr. Badenhorst quando pousamos.

Foi incrível como a companhia do Sr. Badenhorst me fez sentir bem-vinda. Era uma companhia clássica adorável, com diretores e bailarinos afetuosos e amigáveis. Eu teria gostado de trabalhar com eles em tempo integral, mas a viagem da casa de meus pais à África do Sul era longa demais. Meus pais tinham mais de 60 anos na época, e eu sabia que a viagem para me visitar seria não apenas cara como fisicamente pesada para eles. Além disso, eu amava meu país de adoção, e queria me apresentar em um lugar ao qual pudesse voltar com frequência.

Havia também um grupo de dançarinos cubanos, que tentou me convencer a dançar no Balé Nacional de Cuba. Cuba não fica tão longe dos Estados Unidos, pensei, mas depois me lembrei da situação política daquele país e percebi que, apesar de ser fascinante aquela bela companhia, trabalhar com eles seria impossível para mim. Então, tive que aproveitar a experiência de trabalhar com aqueles maravilhosos dançarinos enquanto estávamos todos longe de nossas respectivas casas.

Até então, eu só havia atuado em dois balés completos Um deles foi *O quebra-nozes*, claro, e o outro *Abdallah and the Gazelle of Basra*, no qual eu dançara como convidada do De Dutch Don't Dance Division, em Haia, Holanda, enquanto estava na JKO.

A produção do South African Mzansi Ballet de *O corsário* seria minha estreia como bailarina profissional. Eu sempre achei que minha estreia seria como parte de um corpo de baile, por isso estava deslumbrada por interpretar o papel da escrava Gulnare em parceria com Andile Ndlovu, um bailarino sul-africano.

Eu queria passar todo o tempo na África do Sul aperfeiçoando meu papel. Já havia dançado algumas variações da outra protagonista feminina, Medora, mas nunca as de Gulnare e o *pas de deux*. Achava que seria necessária toda a minha atenção, mas rapidamente aprendi que na África do Sul o balé era um grande evento e as bailarinas eram quase como estrelas de rock! Então, imediatamente fui levada para dar uma entrevista na televisão.

Minha estadia na África do Sul foi cheia de energia e de atividade frenética. Eu tinha entrevistas, palestras, muitos ensaios, provas de figurino e, claro, as apresentações. Eu havia chegado no dia 7 de julho, e *O corsário* estreou 12 dias depois! Nunca aprendi nada tão rápido antes! Amei cada segundo, mas devo admitir que às vezes ficava exausta. Durante uma entrevista na TV, senti minhas pálpebras pesarem e rezei para não dormir sentada.

Antes de partir para a África do Sul, papai havia me avisado que em Joanesburgo fazia muito frio no inverno. Quando perguntei a Andile sobre isso, ele disse:

"Ah, não. O inverno é muito tranquilo, mesmo em Joanesburgo."

No dia em que parti, mamãe tentou pôr mais agasalhos em minha bagagem e eu reclamei, preocupada em não conseguir carregar a mala. Durante minha visita a Joanesburgo, houve uma onda de frio e uma das raras nevascas. Os moradores da África do Sul ficaram encantados, mas eu congelei.

Fez muito frio, a programação foi muito louca, mas a experiência do balé valia tudo. As preocupações mundanas que eu tinha durante os ensaios, como cair durante uma alta elevação ou torcer o tornozelo em um giro, ou — horror dos horrores — esquecer a coreografia, tudo desapareceu quando saí de trás da cortina e para a vida de Gulnare.

Toda a minha experiência naquele país foi muito rica. A *prima ballerina* da companhia me ensinou, por exemplo, que era possível estar no topo e ainda permanecer genuína e generosa. Com o diretor, muito gentil, aprendi que não havia necessidade de alguém em sua posição ser distante e arrogante, como os outros costumam ser. E as crianças da África do Sul me ensinaram algo sobre mim mesma.

A embaixada dos Estados Unidos havia me convidado para dar uma palestra motivacional em uma escola. No começo, tive medo. Lembrei meus anos de escola e as conversas nas salas de aula. Não tenho a voz forte, e temia não ser ouvida acima da conversa dos alunos.

Quando entrei na escola e fui escoltada até a classe onde daria a palestra, meus joelhos tremiam. *Isto é traumático*, pensei; respirei fundo e abri a boca para me apresentar. De repente, caiu o silêncio sobre a sala. Nem uma voz se ouvia além da minha. Todos os olhares estavam sobre mim.

A total atenção dos alunos me deu coragem, e comecei a contar minha história. Enquanto falava com eles, para minha surpresa, descobri que eu era melhor nisso do que imaginava. Aqueles alunos educados e dignos me motivaram muito mais do que eu a eles. Retomada minha confiança, percebi que uma bailarina pode fazer mais do que dançar.

Depois que *First Position* foi lançado, em 2011, as pessoas nas ruas começaram a me notar. Elas se aproximavam e perguntavam se eu era Michaela DePrince. No começo, eu temia essa atenção. Sentia-me muito tímida para responder com mais que um "Olá" baixinho. Depois de falar com as crianças na África do Sul, encontrei minha voz. Agora, vejo cada encontro como um meio de tocar uma vida.

— *Capítulo 35* —
ENCONTRANDO UMA COMPANHIA

A viagem para a África do Sul reviveu meu espírito enfraquecido. Na primavera, minha autoestima havia levado uma surra. Eu havia me esforçado muito naquele ano; não só dançara de manhã até a noite, tanto no Nível 7 na JKO quanto no American Ballet Theather Studio Company, como havia concluído o ensino médio. Mas, então, Franco De Vita disse que eu não permaneceria no Studio Company no ano seguinte. Ele disse que eu estava pronta para participar de uma audição em uma companhia profissional. Naquele dia, quando cheguei em casa, tarde, como de costume, e exausta por tantas horas de ensaio, comecei a chorar. Meu coração estava partido; meus sonhos, frustrados. Eu esperava passar mais um ano treinando com o Studio Company; mas lá estava eu, desligada aos 17 anos, e meu sonho de entrar na companhia profissional do ABT estava acabado. Mas, então, em vez de me entregar, recolhi os cacos e comecei a fazer testes para companhias norte-americanas de balé clássico.

Uma delas me disse que, com 1,65 metro de altura, eu era muito baixa, e me eliminou de cara. Viajei mais de 1.600 quilômetros para outra audição, e não me deixaram entrar. Essa companhia me disse que não havia recebido meu currículo com foto, mas eu havia confirmado o recebimento de ambos antes de ir. Fiz testes para outras companhias, e sempre fiquei entre os cinco ou seis finalistas. No entanto, não fui contratada por nenhuma delas.

Claro, eu sabia desde que tinha 8 anos que as companhias clássicas eram predominantemente caucasianas Bem, essa não é exatamente a maneira mais precisa de descrever as principais companhias. Só que, em minha raiva e frustração, eu não conseguia encontrar palavras bonitas para justificar a falta de dançarinas negras nelas.

Nove anos antes, eu procurara ansiosamente um rosto feminino negro entre os brancos, e esperara que, com o tempo, as atitudes mudassem e houvesse mais mulheres negras. Observando agora, existiam menos bailarinas negras ainda. Lauren Anderson havia se aposentado do Houston Ballet, e outras haviam desistido de tentar entrar em companhias clássicas. Ninguém as havia substituído.

Durante esses dias obscuros, conheci Alonzo King, quando sua famosa companhia de dança contemporânea, a Alonzo King LINES Ballet, se apresentou em Nova York. Ele me convidou para fazer aulas na LINES, e depois me perguntou sobre meus sonhos para o futuro.

Admiti que meu sonho sempre fora fazer parte de uma companhia clássica. Ele entendeu, mas também me disse que, se um dia eu me cansasse do balé clássico, seria bem-vinda em sua companhia. Eu me senti honrada, tanto pelo fato de ele entender que eu precisava ser fiel a mim mesma quanto pelo convite.

Não foi nenhuma surpresa para mim que as únicas empresas que me acolheram tivessem sido a LINES, de Alonzo King, e a nova companhia profissional do Dance Theatre of Harlem. Ambas eram predominantemente étnicas, e não eram companhias clássicas. Mas eram maravilhosas. Eu teria orgulho de dançar em qualquer um desses grupos, mas sabia que meu coração não pertencia a nenhum deles, pelo menos não naquele momento, quando eu desejava fazer parte de uma companhia clássica.

O Dance Theatre of Harlem era uma companhia neoclássica fortemente influenciada por George Balanchine. Arthur Mitchell, o primeiro bailarino negro a se apresentar no New York City Ballet, e Karel Shook, branco, bailarino e mestre de balé, acreditavam que devia haver lugar para dançarinos negros. Então, fundaram o DTH.

De 1969 a 2004 o DTH viajou pelo mundo, apresentando-se com grande sucesso. Mas, então, sob a pressão de uma enorme dívida, fechou as portas, mantendo apenas a escola e o grupo abertos, a fim de fornecer treinamento para as crianças negras do Harlem e adjacências, preparando-as para carreiras que, infelizmente, eram quase inexistentes.

O DTH tinha quarenta bailarinos e apresentou espetáculos completos durante o seu auge. Agora, depois da heroica angariação de fundos feita por seu conselho administrativo e várias grandes doações corporativas, a companhia profissional do DTH estava prestes a voltar, mas com apenas 18 bailarinos.

Participei da audição, fui aceita e fiquei muito grata pela oportunidade que me foi dada por Virginia Johnson, ex-dançarina principal da companhia e agora sua nova diretora artística. Eu queria contribuir para o retorno da empresa ao mundo do balé profissional. Queria fazer parte de sua volta à antiga glória. No entanto, eu sabia, no fundo, que meu coração pertencia a outro lugar.

O DTH me enviou uma carta de intenções que precisava ser assinada até 26 de abril. Depois que assinasse, eu estaria comprometida com esse grupo para a temporada 2012-2013. Fiquei agoniada enquanto tentava decidir. Por conta da minha experiência com Arthur Mitchell, eu tinha carinho pelo DTH; mas isso era suficiente? Enquanto eu olhava para aquela carta de intenções, me sentia como Julieta, concordando em me casar com meu primo Paris enquanto ansiava por Romeu. O DTH, como Paris, merecia mais que carinho. Merecia o amor que eu não poderia lhe dar.

Decidi passar um ano com ele. A experiência seria inestimável para mim, e talvez um pouco da atenção da mídia que eu recebia beneficiasse o DTH. Se, no final daquele ano, minha alma não estivesse satisfeita com o repertório da companhia e eu não me sentisse apaixonada, poderia fazer a audição em outro lugar.

Se os Estados Unidos não me queriam, talvez a Europa quisesse, disse a mim mesma. Eu sabia que precisava ter 18 anos para me qualificar para um visto de trabalho da União Europeia, então decidi que quando completasse essa idade, procuraria emprego nas companhias clássicas da Europa.

Por fim, assinei a carta de intenções do DTH e a enviei por fax no último dia do prazo. Poucos dias depois, Franco De Vita me convidou oficialmente para fazer parte do American Ballet Theatre Studio Company, e dois meses depois o ABT me ofereceu o posto de aprendiz na companhia. Eu conheceria seu repertório e me apresentaria na produção de *O quebra-nozes*. Então, entraria na companhia como membro do corpo de balé durante a temporada metropolitana, na primavera de 2013. Fiquei sem palavras quando recebi essa notícia. Ali estava meu sonho, tentando-me como um sorvete de chocolate, e eu tinha que vê-lo se derreter.

Acho que eu poderia ter tentado romper o compromisso com o DTH, mas meus pais me criaram com integridade, e sabia que não era a coisa certa a fazer. Decidi deixar de lado por um tempo meus sonhos de fazer parte de uma companhia clássica e participar da audição no ABT de novo no ano seguinte.

Coloquei todo meu coração e minha energia no DTH, determinada a fazer o melhor durante a temporada 2012-2013. Fiz amigos entre os dançarinos e aprendi muito com uma equipe artística que eu tanto admirava.

Enquanto estive na companhia, tive a oportunidade de visitar lugares que nunca pensei que conheceria. Fomos à Turquia e a Israel.

Em Tel Aviv, nadei no mar Mediterrâneo pela primeira vez na vida. Depois, atravessamos o país até Jerusalém.

Senti uma ligação especial com minha mãe lá. Quando ela estava no terceiro ano, correspondia-se com uma amiga em Israel. Ela sempre quis visitar esse país, mas nunca teve a oportunidade.

Senti como se eu estivesse ali no lugar da mamãe. Até deixei uma oração para ela nas frestas do Muro das Lamentações, e usei meu *hamesh* (ou *hamsá*), um pingente em forma de mão, como proteção durante nossas viagens à Cúpula da Rocha e ao salgado Mar Morto.

Mamãe havia insistido para eu usar o *hamesh* que ela havia me dado. Os muçulmanos acreditam que ele representa a mão de Fátima, filha de Maomé, e os judeus acreditam que representa a mão de Miriam, irmã de Moisés.

Mamãe me explicou que, milhares de anos atrás, quando o faraó mandou matar os meninos judeus, Miriam protegeu seu irmão bebê, Moisés, da ira do faraó fazendo-o flutuar rio Nilo abaixo. Ele foi encontrado pela esposa do faraó e criado como filho do Egito. Mamãe acreditava que, quando eu usava o *hamesh* estava protegida, assim como Moisés esteve. Eu acredito que o *hamesh* representa a mão de mamãe estendida para me proteger a meio mundo de distância.

Além de viajar para terras exóticas, tive outras experiências maravilhosas com o DTH. Fui escalada para o papel do Cisne Negro em um trecho de *O lago dos cisnes*, e me deliciei com a oportunidade de demonstrar minha técnica e graça como bailarina clássica. Foi um papel difícil, e lutei com sua arte. Não era o suficiente fazer uma coreografia tecnicamente perfeita; eu precisava me transformar no Cisne Negro, não apenas dançá-lo. Precisava seduzir meu parceiro, não apenas flertar com ele.

Uma crítica me abalou. O jornalista disse que o Cisne Negro estava tentando cortejar o príncipe Siegfried com sua técnica sólida.

"Achei esse comentário maravilhoso!", disse um dos meus amigos do DTH.

Mas eu sabia que era uma crítica terrível. Disse a mim mesma que, se eu quisesse ser bailarina clássica, precisava usar meu rosto tanto quanto meus pés. Precisava atuar tanto quanto dançar.

Naquela noite, fiquei na frente do espelho e dancei o Cisne Negro. Meus braços e pernas sabiam o que fazer; eu não precisava vê-los. Concentrei-me no meu rosto, especialmente nos olhos. Então, pensei comigo mesma que uma garota estava tentando roubar Skyler de mim.

Meu rosto se transformou diante dos meus olhos. Meu nariz se dilatou, meus olhos se estreitaram, e percebi que eu parecia Odile. Em minha apresentação seguinte, depois de centenas de horas treinando, finalmente me tornei o Cisne Negro.

Foi minha última apresentação com o DTH, e a última da temporada do Jacob's Pillow Dance Festival. Foi, possivelmente, minha última apresentação nos Estados Unidos por um longo tempo. Essa apresentação foi uma epifania, e o momento não poderia ter sido mais perfeito.

— *Capítulo 36* —
O VOO DA BAILARINA

Em dezembro de 2012, apenas seis meses antes do Jacob's Pillow Dance Festival, eu havia participado de uma audição no Het Nationale Ballet, também conhecido como Dutch National Ballet. É uma das maiores companhias clássicas do mundo, por isso pensei que minhas chances de ser convidada a fazer parte dela eram pequenas.

No fim da audição, Ted Brandsen, diretor artístico, se aproximou sorrindo, mas não disse uma palavra. Prendi a respiração. Por fim, não consegui mais segurar, expirei alto e engasguei.

"Eu consegui?"

"Claro. Por que acharia que não?", perguntou ele.

Como eu poderia responder? Eu poderia dizer "Porque sou negra"?

Em minha mente, esse convite tinha proporções históricas. Senti que uma menina negra como eu ser contratada por uma das principais companhias de balé clássico era a mesma coisa de quando um homem branco ofereceu a Rosa Parks um assento na parte da frente do ônibus em

1955! Em fevereiro, assinei com alegria o contrato com o Dutch National Ballet.

Pouco depois, fiquei três semanas em turnê com o DTH, de modo que pude voltar para o South African Mzansi Ballet, que havia sido recentemente rebatizado como Joburg Ballet. Dessa vez, não tive medo. Eu não estava voltando para um continente que representava apenas terror para mim; estava voltando para amigos queridos, colegas e fãs.

Em março, dancei a Kitri na produção de *Dom Quixote* do Joburg Ballet. Kitri é um papel alegre e cheio de energia. Terminei a apresentação exausta, mas emocionalmente recarregada.

Para o caso de eu ter esquecido de que a vida é mais que balé, dois convites muito especiais me fizeram lembrar. Fui convidada para servir como voluntária nas Nações Unidas, como porta-voz para as crianças afetadas pela guerra; e tive a sorte de ser convidada a participar do Mulheres 2013, na Conferência Mundial no Koch Theatre, no Lincoln Center. Em uma entrevista, tive a oportunidade de falar sobre minhas experiências como criança afetada pela guerra.

Abri o evento dançando, e mamãe e eu fomos entrevistadas no palco sobre nossas experiências com a adoção internacional. Fiquei sentada ali com ela e minhas irmãs, enquanto observávamos os outros no palco falarem sobre sua vida. Fiquei profundamente comovida com as histórias de mulheres — muitas delas nascidas e ainda na pobreza — que encontraram maneiras de ajudar os outros.

No final de 2012, fui incluída pelo *Huffington Post* na "18 Abaixo de 18". É a lista dos jovens mais surpreendentes do ano. Eu não achava que tivesse feito nada para merecer isso. Não conseguia imaginar como havia entrado nessa lista, especialmente considerando que fiquei ao lado de adolescentes incríveis como Malala Yousafzai, ativista paquistanesa pela educação de meninas e mulheres que foi baleada por enfrentar o Talibã, e Gabby Douglas, a jovem afro-americana que ganhou medalha de ouro nos Jogos Olímpicos.

Essa honra foi seguida por outras. Em 2013, fui incluída na lista "Mulheres no Mundo: 25 Abaixo de 25. Jovens Mulheres para Ficarmos de Olho" pelo *Daily Beast*; na lista da *Newsweek,* "125 Mulheres de Impacto;" e na da *O's*, "50 Coisas que Vão Surpreender Você".

Mais uma vez, estava ao lado de mulheres cujo passado me deixava sem fôlego de tanta admiração e respeito.

Em decorrência de todas essas honras e da recente contratação por uma companhia de balé clássico, comecei a refletir sobre minha sorte. Percebi que ela não começou apenas no ano passado. A Unicef estima que existam 320 mil órfãos em Serra Leoa, de uma população de cerca de 6 milhões! Muito mais crianças morreram durante o conflito. Apenas um pequeno grupo delas escapou durante o auge da guerra. Eu fui uma das poucas felizardas. Essa parece ser a chave: por que eu fui uma das felizardas?

"Mamãe, por que você e papai adotam? Não estou falando só de mim. Por que vocês adotam sempre? Vocês não teriam tido muito mais dinheiro se só criassem Adam e Erik?"

Sem longas explicações, mamãe simplesmente disse:

"Nós fomos abençoados, e com a bênção vem a responsabilidade."

Bem, eu certamente sabia que era abençoada. Então, supunha que isso significava que tinha uma responsabilidade... mas qual era a minha responsabilidade? Esse era o mistério que começava a me assolar.

"Responsabilidade de quê?", perguntei a ela.

"De compartilhar", respondeu mamãe.

"Compartilhar o quê?"

"Você vai ter que descobrir isso sozinha", disse ela.

Tentei pensar no que tinha para compartilhar. Eu não tinha muito dinheiro, então não poderia compartilhar riqueza. Não podia dividir minha casa, porque já dividia um pequeno apartamento em Nova York com duas irmãs. Eu não tinha nada material para compartilhar além de um armário cheio de tutus; mas tinha muita paixão, foco, persistência e esperança. Especialmente esperança. Como é que alguém compartilha esperança?

Quando mamãe sugeriu que eu escrevesse um livro de memórias e se ofereceu para ajudar, não vi sentido.

"Eu só tenho 17 anos", disse. "O que eu poderia ter para compartilhar em um livro de memórias?"

Então, percebi que tinha a responsabilidade de escrever este livro, e vi o que tinha para compartilhar. Além de todas as minhas bênçãos, fui abençoada com uma grande dose de esperança. Foi a esperança que me permitiu sobreviver na África diante do abuso, da fome, da dor e do perigo. Foi a esperança que me fez ousar sonhar, e foi a esperança que permitiu que esse sonho alçasse voo. Sim, eu iria compartilhar minha esperança.

— *Epílogo* —
DUAS MULHERES

Minha vida foi mais profundamente impactada por duas mulheres. Uma delas é minha maravilhosa mãe, em cujos braços carinhosos caí naquele dia de junho de 1999, quando cheguei ao aeroporto de Gana.

A segunda mulher é alguém que eu nunca havia visto, mas que me ajudou a passar meus dias mais terríveis em Serra Leoa e me inspirou a ser bailarina. É a bailarina da capa daquela revista.

Na noite antes de Mia e eu deixarmos a África para trás com nossa nova mãe, Acra, a capital de Gana, sofreu um apagão. Mamãe fez nossas malas na escuridão, de modo que não tinha certeza de onde estavam as coisas.

"Minha única preocupação era nosso dinheiro, nossos passaportes e seus vistos de órfãs", explicou ela depois.

Passei muito mal no aeroporto, então ela me segurou no colo enquanto despachava nossas malas e ficava de olho em Mia. Vinte e quatro horas depois, quando chegamos ao aeroporto internacional John F. Kennedy, em Nova York, percebemos que faltava uma mala. Dias depois, mamãe percebeu que a mala perdida continha a foto da bailarina e as roupas que usara em Serra Leoa.

Eu perdi a foto, mas aulas de verdade substituíram a promessa que ela havia representado para mim. Com o passar dos anos, mamãe e eu procuramos na internet a minha bailarina. Muitas vezes mamãe me fez posar para ela para saber o que estava procurando.

Um dia, mamãe a encontrou. Estava na capa da *Dance Magazine*. A imagem que baixamos era do tamanho de um selo, de modo que não dava para ler o nome da bailarina, e nem tínhamos certeza da data de publicação. Quando mamãe tentou aumentá-la, a foto se transformou em um borrão. Mesmo assim, guardei a minúscula imagem como uma lembrança.

Pouco antes de partir para Amsterdã para começar a cumprir meu contrato com o Dutch National Ballet, uma jornalista holandesa chamada Steffie Kouters me entrevistou para uma revista. Durante a entrevista, contei a história da bailarina da capa da revista e do que ela significava para mim.

Três meses depois, Steffie ligou para mamãe e pediu uma foto daquela capa. Mamãe pediu desculpas pelo tamanho e qualidade da imagem, e a enviou. Steffie entrou em contato com a *Dance Magazine*. Conseguiu obter uma cópia da capa da revista com a editora. Então, pudemos ver que ela datava de maio de 1979. Não admira que o exemplar estivesse tão velho quando o encontrei.

A jovem da capa era Magali Messac, estrela do Pennsylvania Ballet na época. Coincidentemente, era a mesma companhia onde eu dançaria como uma menina da festa em O *quebra-nozes* 24 anos depois. Mais tarde, Magali foi a bailarina principal no ABT, onde eu viria a estudar.

Steffie ajudou minha mãe a localizar Magali. Mamãe entrou em contato com a bailarina e descobriu que ela estava bem familiarizada com minha história e que assistira a *First Position*. Ela se emocionara com a história da revista, mas nunca sonhara que ela mesma pudesse ser a minha bailarina. Ela ficou profundamente tocada ao saber do papel que havia representado em minha vida, e disse que queria me dar um exemplar da revista. Chorei quando mamãe a mandou para mim em Amsterdã e me contou tudo isso.

No momento em que você estiver lendo este livro, Magali e eu já teremos nos conhecido. Meu coração bate como um tambor africano ao pensar nisso. Espero que mamãe esteja presente em nosso encontro. Quero muito tirar uma foto com as duas mulheres que mudaram minha vida para melhor.

Agradecimentos

Acima de tudo, quero agradecer a mamãe e papai, Elaine e Charles DePrince, pela sabedoria, sacrifício, amor, apoio, encorajamento e fé em mim diante dos altos e baixos de minha vida. Eu amo muito vocês dois!

Gostaria também de agradecer aos meus pais biológicos por acreditarem que uma menina é tão boa quanto um menino, e que as meninas merecem frequentar a escola.

Agradeço ao verdadeiro Papa Andrew por me abrigar em seu orfanato e me dar segurança, e ao verdadeiro tio Sulaiman, que teve a coragem de implorar pela vida de uma pobre menininha órfã.

Obrigada à minha querida irmã Mia pelo amor e amizade que temos compartilhado por tantos anos, nas dificuldades e na alegria. Não vamos permitir que o tempo ou as circunstâncias nos afastem.

Serei eternamente grata a Magali Messac, a bailarina de minha capa de revista. Seu sorriso e graça me deram esperança de um futuro quando eu não tinha mais nada.

Quero agradecer às pessoas maravilhosas do Maine Adoption Placement Service, que trabalharam para trazer Mia, Mariel e eu para os Estados Unidos, e que continuam ajudando famílias e resgatando crianças no mundo todo.

Tenho uma dívida de gratidão para com um menino que morreu antes de eu nascer. Meu irmão Michael, que inspirou meu nome e insistiu que meus pais adotassem "um órfão faminto da África devastada pela guerra". Mamãe e papai admitiram que poderiam nunca ter pensado nisso sozinhos. Michael, eu gostaria de poder lhe dar um grande abraço.

Graças à bondade e ao espírito generoso de meu irmão Teddy, fui capaz de superar o medo de homens jovens. Agradeço a ele, e vou sentir sua falta para sempre. Agradeço também a todos os outros membros de minha família pelo amor e carinho, incluindo irmãos, irmãs, cunhadas, cunhado, sobrinhas e sobrinho. Que família fantástica! Sou muito feliz por ter cada um de vocês em minha vida.

Quero agradecer a Bo e Stephanie Spassoff, Arthur Mitchell, Mariaelena Ruiz, Charla Genn, Franco De Vita, Kate Lydon, Alaina Albertson-Murphy, Bill Glassman, Susan Jaffe, Natalya Zeiger, Raymond Lukens e todos os outros dedicados professores de balé que aplicaram tanta energia em minha formação.

Tenho uma dívida especial de gratidão para com os diretores artísticos que tiveram fé em mim a ponto de me convidar para dançar com suas companhias. Incluo Madeline Cantarella Culpo, Virginia Johnson, Dirk Badenhorst, Ted Brandsen, Ernst Meisner, Kevin

McKenzie e meus pais holandeses, Rinus Sprong e Thom Stuart, que me apresentaram à Holanda.

Certamente não posso esquecer Bess Kargman. Fico muito feliz por você ter sido persistente ao me acompanhar e corajoso ao expor os problemas raciais no balé. Estou honrada por fazer parte de *First Position*, que afetou minha vida de forma tão positiva.

Agradeço aos amigos de todo o mundo que me incentivaram ao longo dos anos, especialmente ao garoto que se apaixonou por mim, meu amado Skyler Maxey-Wert.

Mamãe, mais uma vez, não posso lhe agradecer o suficiente. Você não só me amou, me criou, me forneceu valores fortes e me ensinou a cozinhar como me ensinou a escrever aqueles ensaios de cinco parágrafos, e é coautora deste livro comigo. Por último, mas não menos importante, nunca poderei agradecer o suficiente às pessoas que acreditaram neste livro de memórias: minha agente literária, Adriana Dominguez; minha editora, Erin Clarke; e todas as pessoas de minha equipe da Random House.

Eu me sinto abençoada por ter tido cada um de vocês em minha vida.

Este livro foi composto na tipologia Sabon LT,
em corpo 11/16, e impresso em papel offwhite no Sistema
Cameron da Divisão Gráfica da Distribuidora Record.